JN039124

MIND CHANGE

マインドチェンジ

くすぶった人生から一歩踏み出し、
自由で豊かな成功者になるための方法

堀 鉄平
HORI TEPPEI

KADOKAWA

目　　次

編集協力◎松本友也

ブックデザイン◎森健晃

本文イラスト◎コバタ

人物写真◎村上裕一

はじめに

　世の中には、同じ年齢で同じような学歴の人でも、資産1000万円の人もいれば、資産１億円の人もいれば、資産100億円の人もいます。

　お金持ちになれる人、なれない人。
　その違いはどこから生まれるのでしょうか。

　「お金持ち」について書かれた名著ロバート・キヨサキ『金持ち父さんのキャッシュフロー・クワドラント』（筑摩書房刊）では、人の職業を、以下の図のように端的に四種類に分けています。

Employee 労働者	**B**usiness owner ビジネスオーナー
Self-employed 自営業者	**I**nvestor 投資家

この本では

・左側の「労働者」と「自営業者」→「自分で働く」ことで労働収入を得る

・右側の「ビジネスオーナー」と「投資家」→「他人やお金（資産）に働いてもらう」ことで権利収入を得る

と説明されています。

この書籍の登場は、多くの人に衝撃を与えました。それまでは、左上の労働者として大企業に就職して一生懸命頑張ったり、そこで社長になること（あくまで左上の雇われ社長）がお金持ちの典型だと思われていたからです。

ところが、実際には、世の中の大金持ちはほぼ全て右上のビジネスオーナーです。

フォーブス誌が発表した2021年版の世界長者番付（World's Billionaires）によると、資産額1位はAmazon.com 創業者のジェフ・ベゾス氏でした。資産額は1770億ドル（約20兆1780億円）。2位は電気自動車メーカーのテスラや航空宇宙事業を手掛けるスペースXを創業したイーロン・マスク氏で、資産額は1510億ドル（約17兆2140億円）。

22位のマッケンジー・スコット氏はビジネスオーナーではありませんが、ジェフ・ベゾス氏の元妻です。離婚後360億ドル相当のAmazon株を手に入れたがゆえの番付入りですので、源泉はビジネスオーナーであるジェフ・ベゾス氏の資産です。

ちなみに、国内1位はソフトバンクの孫正義氏で、資産額は454億ドル（約5兆1756億円）。世界全体では29位にランクイン。国内2位はユニクロを展開するファーストリテイリングの柳井正氏で、資産額は441億ドル（約5兆274億円）。世界全体では31位です。

　このような桁外れの大富豪になれなくとも、日本国内で自分のビジネスを持つことで、権利収入が入ってくるようになれば、資産は「掛け算」的に増えていきます。また、金融機関から借り入れをして不動産投資をしている不動産投資家で、毎年家賃収入が数億円という強者もいます。これも、持っている資産に対して、利回り（投資額に対するリターンの程度）を「掛け算」することで資産がどんどん増えていくのです。

　他方で、左側の労働収入で貯金しようとしても、それはあくまで「足し算」の世界ですので、お金持ちになるのは難しいかもしれません。

　冒頭で申し上げた、同じような年齢・学歴の人の資産の額の違いをキャッシュフロー・クワドラントに落とし込むと、以下のようなイメージです。

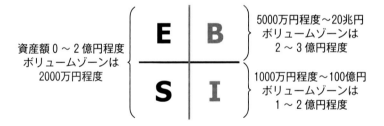

※あくまで著者による私見・イメージですので、実際の資産額は個別の事情で当然変わってきます。また、お金持ちの度合いを測るための指標ですので、それぞれのご職業を否定したり、揶揄するものではありません。

　大多数の人は、今の自分の職業で頑張ればいつかお金持ちになれると考えて、無駄な努力をしてボロボロになっていきます。深夜まで残業をしたり、簿記の試験勉強や英語の勉強をしたところで、左上の労働者としては優秀になっていくのかもしれませんが、少し年収が上がる程度の話です。

　お金持ちになるために必要なのは、ビジネスや投資の勉強をして、自分のビジネスを持つか、株や不動産などの資産を持つことです。

　要するに、「お金持ちになる」には、左側の「労働者」や「自営業者」という「自分で働く」あり方から、右側の「ビジネスオーナー」や「投資家」という、「他人やお金（資産）に働いてもらう」あり方に移行することが必要ということです。

　ここで注意点としては、左側の職業と右側の職業とでは、人生のルールが全く異なるということです。ルールの違いを理解して、自分の目指す職業に必要なルールを勉強する必要があります。

　本書は、「お金持ち」になりたいという意志を持つ人に向けて、クワドラントの左側から右側になるために必要なルール＝知恵を授けるための本です。

　私は、現在資産100億円を超え、六本木、赤坂、南青山など都心の超一等地に新築RC造の建物を複数保有する不動産投資家です。また、不動産投資をサポートする私塾、「堀塾」のオーナーでもあります。これまで数々の塾生たちに、ビジネスと投資の本質をお伝えしてきました。

　それまで普通のサラリーマンだった人が、都心の一等地に土地を買ってマンションを建築するという投資のサポートをしたり、それによって

彼らが不動産投資に成功して、早期リタイアを成し遂げたりする姿を見てきました。

　その際のポイントとして、単に不動産業者の販売する物件に投資をするのではなく、「自分でゲームに参加する」というマインドの持ち方なども共有しています。

　成功したり、お金持ちになるためには、そうしたマインドチェンジが必要です。

　本書では、私のささやかな経験と知識をもとに、マインドチェンジの方法をシェアしたいと思います。

　何より私自身、かつては「労働者」として、あるいは「自営業者」として、苦しい下積み時代を過ごしてきました。

　遡れば司法浪人時代。私はなんと、司法試験に四回も落ちています。それも、必死に勉強して落ちてしまったのではなく、ただ単に試験をナメて勉強をサボっていただけでした。実家でぬくぬくと生活しながら、バイトや遊びに明け暮れる日々を送っていました。

　一念発起して実家を出て一人暮らしをはじめ、背水の陣で挑んだ五回目の受験でようやく合格し、晴れて弁護士に。これで一生安泰だと大喜びしたものですが、理想と現実は大違いでした。

　つまらない業務、朝から深夜まで働き続けるハードワーク、なのに思っていたよりももらえない給料――こんなはずじゃなかったのにと、毎日悶々としていました。

　国家資格である弁護士でさえ、ただの「労働者」にすぎないのか。

　二年ほど悩んだ末に、ついに同期の弁護士を誘って事務所を立ち上げることにしました。いわゆる独立です。

　これで、誰にも命令されずに楽しく仕事ができる。しかもお金もたくさんもらえると、胸が躍りました。実際、最初の数年間は売上もぐんぐん大きくなり、雇われ弁護士時代には到底得られなかった手応えとやりがいを感じる日々でした。

　しかし、それも長くは続きません。ある程度事務所が大きくなると、売上も伸びづらくなっていきます。弁護士ひとりが抱えられる仕事の量には限界があり、私の時間の限界がそのまま売上の限界に繋がってしまうからです。

　スタッフを増やして事務所を大きくしても、無闇に経費や管理コストが高くなるだけ。これ以上成長するのは難しいと感じると、とたんに仕事や経営が負担に感じられるようになる。こうして私は、「自営業者」の限界に直面したのでした。

　そこから抜け出すきっかけはなんだったのか。

　それは、さまざまな偶然の出会いが重なった結果立ち上げた、あるビジネスでした。これにより、弁護士事務所としての売上規模を大幅に拡大。実に従前の７倍の売上に改革し、他方で私自身の労働時間は大幅に削減することに成功します。

　さらに、そこで得た資金を元手にはじめた不動産投資でも、大きな収益をあげました。

　ポイントは、自分で土地から用意して新築したことです。

　私は、自ら土地を仕入れて、設計事務所と工務店に依頼して建物を建てるという、「一人デベロッパー」的な手法で資産を築きました。

　そこで学んだのは、業者が売りつける「投資商品」をただ買ってもお金持ちにはなれないということ。投資のための部品を「仕入れる」とこ

ろから自分でやらなければ、大きな利益を手にすることはできないのです。

　投資商品を買うのではなく、自分で投資商品を作る。
　たしかに知識やコツも必要ですし、相応の資金力も求められます。
　しかし、その分参入障壁も高く、一度やり方を確立すれば、圧倒的に資産を増やしていけます。

　投資は、上がるか下がるかを当てる「ギャンブル」ではありません。
　これまで堀塾やオンラインサロンでメンバーにお伝えしてきた戦略やマインドを、本書ではなるべく平易に解説しようと試みました。

　「今の環境を抜け出し、お金持ちになる」という強い意志を持っている方は、ぜひこのまま読み進めてください。きっとあなたの助けになる情報が含まれているはずです。

　ところで、私には弁護士やビジネスオーナー、投資家だけでなく、もうひとつの肩書きがあります。
　それは、「元格闘家」です。
　現在は格闘技ジム「トライフォース赤坂」のオーナーとして、あるいは人気格闘家兼 YouTuber である朝倉未来・海兄弟のセコンドとして、格闘技に関わり続けています。朝倉兄弟については本書でたびたび取り上げていきますが、彼らが地元の愛知県豊橋市で働きながら格闘技に取り組んでいるのを見て、東京へ呼び寄せたのは私です。

　私にとって、格闘技は「本業」ではありません。ビジネスに格闘技が直接関わっていたわけでもありません。

　しかし、格闘技の練習や試合を通じて培ったマインドや習慣が、逆境から這い上がり、戦況を見極めて勝利をつかむ底力を自分に与えてくれたことは間違いありません。

　思えば「弁護士」も「ビジネスオーナー」も「投資家」も、格闘家と同じく、目の前の相手をなんとかして制さなければならない「勝負」の側面を持っています。

「お金持ち」になりたい人だけではなく、「勝負」を制する方法を知りたい人にも、本書は楽しんでいただけると思います。ぜひ、自分を変えるために本書を活用してください。

第1章
「闘う弁護士」がお金持ちになれたわけ

1　偶然のチャンスを能動的につかむ

　キャッシュフロー・クワドラントとは、お金の稼ぎ方を四象限に分割した図です。

　誰でも、キャッシュフロー・クワドラントの「左」から「右」へと移ってお金持ちになることができる。私はそう確信しています。なぜなら、他でもない私自身がそうやって今の場所までたどり着いたからです。

　弁護士、元格闘家、ビジネスオーナー、不動産投資家——今でこそ、私にはさまざまな肩書きがついています。しかし、最初からこれらの職業を目指していたわけではありません。自然に努力していたら、勝手に手に入った成功というわけでもありません。

　どんな風に生きていけば、転機となるチャンスが舞い込んでくるのか。チャンスが目の前に現れたときに、どうやってそれを掴めばいいのか。

　まずは私自身の半生を振り返りながら、それを言語化してみたいと思います。きっと読者のみなさんにとってもヒントになるはずですし、「自分でもできるかもしれない」とモチベーションを高めるきっかけにもなるでしょう。

2　「自分で全部やればお金持ちになれる」と理解した

　私は、中学、高校くらいまでは、本当に普通の学生でした。強いて言

えば、そこそこ勉強ができたというぐらいだったと思います。

　生まれは兵庫、育ちは名古屋でしたが、中学時代は一応学年トップで、当時愛知県で一番偏差値の高かった愛知県立旭ヶ丘高校というところに進学しました。

　とはいえ高校時代ははっきりとした目標もなく、漠然と過ごしていたと思います。「勉強できる人は理系にいく」という風潮があったのでとりあえず理系コースに進学したものの、学校の勉強が将来にどう繋がるかもわからず、退屈に感じていました。部活も一応入っていましたが、「別にプロになるわけでもないしな」と思って、あまり真面目にやりませんでした。

　生徒会活動みたいなものもやっていませんでしたし、学園祭も何が面白いのかわからず、全く手伝わなかったりという具合です。そんなことをやっていても、「その他大勢」に埋もれてしまうだけではないか。そのようなことを考えながら過ごしていた記憶があります。

　理系コースから文転して、弁護士を目指そうと考えたのはその時期でした。ただ、「絶対弁護士になりたい」という積極的な意志があったわけでもなく、「なんとなく最高峰の資格だし、取っておいて損はないかな」というぐらいの曖昧な気持です。

　他にやることもなかったので、勉強自体はしっかり取り組んで、中央大学の法学部に合格。進学を機に上京することになりました。

　大学に進学し、すぐに司法試験の勉強に邁進──とはならず、結局進学してからも、いまいち夢中になれるものが見つからずにいました。弁護士になりたいというビジョンが弱かったのもあり、結局司法試験にも4回落ちています。

　それでも、大学時代には人生の転機となるような大きな経験をするこ

とができました。それは、「引っ越し」のバイトです。意外に思われるかもしれませんが、この時の経験が後のビジネスに大いに役立ったのです。

　当時は大学の近く、八王子あたりに住んでいたのですが、その地域で引っ越しのバイトを始めました。日当は1万円ぐらいだったと思うのですが、すぐにその金額に疑問を持つようになりました。

　お客様の支払う金額は、引っ越しの規模によりますが1家庭で15万円ほど。複数人での作業とはいえ、自分のところに1万円しか入らないのはおかしいだろう、と。

　だったら、集客から作業まで全部自分でやってしまおうと考え、当時の社長に啖呵を切って個人事業主として引っ越し屋を立ち上げました。

　バイトでだいたいの作業は経験していたので、やるべきことはわかっていました。自分でチラシを作って、近隣の団地にひたすらポスティング。当時は携帯電話もまだ出始めたぐらいの時期でしたが、携帯でお客様からひたすら電話を受けていました。自宅訪問して見積もりをとって、元のバイト先からトラックを借りて、人を雇って作業して、というサイクルをひたすら回していきました。

　当時は本当に寝る暇もなく働いていたので、繁忙期は月に300万円ほど売上がありました。普段でも月に100万円ぐらいは普通にあったはずです。

　雇っていたバイトにもいくらか支払いますが、それでも結構残るので、車を買ったり友達と飲み歩いたりしていました。この状態で司法試験に合格するはずもありませんでした。

　人に使われるのは割に合わない、という感覚は当時から非常に強かっ

たのだと思います。普通はバイト代が多少安いなと思っても、愚痴って終わりなのかもしれません。しかし私にはそれが耐えられなかったのです。

「なんでこんなに忙しいのに、15万円の売上をほとんど取られてしまうのだろう」と。

衝動的に始めた商売ではありましたが、これがうまくいったことで、大きな成功体験が得られました。「ビジネスの仕組みを自分で作れば、多くのお金を手にすることができる」、そして「ビジネスの仕組みを自分で作るのは、それほど難しいことではない」という気づきです。「起業しよう！」と意気込んでいたわけではありませんでしたが、そのときに多少読んでいたビジネス書の内容が、自分で商売を始めたことで腹落ちしたような感覚はありました。

ちなみに、バイトとして雇っていたのは、元の引っ越し屋で一緒に働いていたバイト仲間たちです。

みなさん八王子周辺のヤンキーで、当時の私はまだ格闘技も始めていなかったので結構怖かったりもしたのですが、引っ越し屋としては私の方が先輩でしたので、みなさん慕ってくれていました。「力が正義」というところがありましたので、冷蔵庫をひとりで運んだり、段ボールを3つ抱えて階段を走ったりしていると、意外と敬意を払っていただけたのです。

いかに作業をスピーディに、確実にできるかを競い合う文化がありました。そういうのも含めて楽しかった記憶があります。

3　司法試験で「環境」の大切さを知る

しかし、司法試験に3回落ちたことで引っ越し屋は休業しました。お

金はよかったものの、とにかく肉体的につらく、長続きできる仕事では
ありません。寝る時間もなかったために、トラックの信号待ちで寝てし
まいそうになったりもしていました。引っ越しは予定通りに進まなかっ
たりもするので、ついつい長時間労働になりがちです。

　ちょうどそのころ、両親が転勤で横浜に来ることになり、自分も横浜
の実家に戻りました。しかし、実家にいることでダラダラしてしまって、
あまり勉強もはかどりません。引っ越し屋をやめた後も、過去に撒いた
チラシから電話がかかってきたりもしました。一件で５〜15万円ほど稼
げるので、依頼があるとやはり引き受けてしまうのです。
　そのようなことを繰り返しているうちに、気づいたら４回も司法試験
に落ちていました。人生が終わったような気分になりました。
　両親からも「もう諦めて就職しろ」と散々言われました。今思えば、
そう言いたくなるのもわかります。自分としても、「今年で最後」と毎
回思いながらも、ずるずると２、３年受け続けていた状態でした。
　結局、背水の陣で集中していなかったということだと思います。５回
目の挑戦はさすがに合格しないとまずいと思い、覚悟を決めて実家を出
て、部屋を借りました。多少貯金があったとはいえ、弁護士になれない
と家賃を払っていけない。誘惑を遮断し、退路を断ち、本気で勉強を始
めたわけです。
　本気で勉強を始めて気づいたのは、自分だけのサンクチュアリ（聖
域）を持つことの大切さです。集中できる静かな環境や自由な時間をし
っかりと確保することで、初めて深い集中が得られます。集中していな
い状態でいくら時間をかけても、望む結果は得られません。

　先に司法試験に合格していた後輩にも力を借りて、５度目はなんとか
合格することができました。

　年下のY氏ですが、その後も縁が続いていて、今は弁護士事務所のパートナーになってもらっています。彼に教わって、本当に目から鱗が落ちました。何年も勉強していても受からない人がいる中で、彼は大学3年生のときにポンと合格していた。

　やはり物事にはやり方があるということです。それに気づけないと遠回りしてしまう。そのことに気づけたのはよかったと思います。

　ただ、合格してから先の人生のことは、そのときもまだあまりイメージできていなかったと思います。というのも、司法試験に通りさえすれば、あとは華の人生が待っていると思っていたのです（笑）。

　当然ですが、そんなことはありませんでした。自分の人生に挫折があるとしたら、1度目は司法浪人の日々です。そして2度目は、弁護士として働き始めた最初の3年間だとはっきり言えます。そのぐらい、自分の思い描いていた生活とは真逆だったのです。

　一般的に、弁護士を目指すのであれば、司法試験に合格したあとに1年半の司法修習を経て、たいていどこかの弁護士事務所に所属することになります。いわゆる雇われ弁護士「イソ弁」（居候弁護士の略称）です。

　弁護士といっても、雇われている以上はサラリーマンと同じなので、「人に使われたくない」と考える自分にとってはとにかく苦しかったです。

　もちろん、当時は単純に私自身がペーペーでレベルが低かったというのもありますが、先輩やボスのやり方で正しいと思えない部分があったり、意見が嚙み合わなかったりすることばかりでした。

　自分の力をうまく発揮できないもどかしさを感じるうえに、業務量は多くていつも長時間労働。年収は600万円ほどからスタートしたので、一般的な新卒サラリーマンに比べたら多い金額をもらえていたと思いま

すが、朝から夜中までずっと働きづめでしたので、「これはたぶん続かないな」と最初から思っていました。

　仕事の内容としては、おもに企業の労働事件を扱っていました。たとえば、労働組合から賃上げの要望を出された企業が、それにどう対応していくか、といったことなどです。

　率直に言って、まったく面白みを感じられませんでした。それに、そもそも人のトラブルに関わらなくてはならないこと自体がストレスだったのです。負のオーラを抱え込んでしまうのも嫌だなと。ならばそもそもなぜ弁護士になろうと思ったのかという話になってしまいますが、当時は本気でそう思っていました。

　ですので、働きながら独立する準備を着々と進めることにしました。自分で伝手をたどって、中小企業やベンチャー企業の社長と顧問契約を結んでいくことにしたのです。

　ベンチャー企業の社長は、当時の自分とだいたい同年代。彼らが日々直面する法律の問題について相談に乗っていくと、彼らのビジネスを自分の力でサポートしているという実感も得られて、前向きで楽しかったです。

　顧問契約はだいたい月額5万円から10万円くらいなので、顧問先がだいたい15社ぐらいになったところで、毎月100万円弱ぐらいは入ってきそうだなという見込みが立ちました。独立を決心したのはそのタイミングです。

　これは、クワドラントで言うところの「左上」から「左下」、つまりサラリーマンから自営業者への移行です。サラリーマンを続けながら、同時に自分のお客様を開拓していけると、左下に移ることができます。

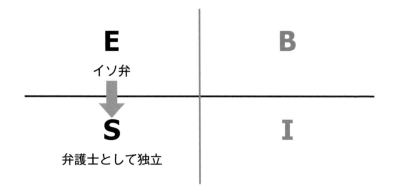

　左下はまだ自分の労働力を換金しているだけなので、「お金持ち」とは言えません。しかし、時間や働き方を融通しやすくなるので、その分チャンスも増えていきます。いきなり起業や転職、投資をするのと比べると、リスクもかなり低いと言えます。

　このプロセスは、いま会社勤めをされている読者のみなさんにも参考になると思います。ファーストキャリアで失敗したなと感じたら、そこからとにかく計画的に動くべきです。すぐにお金を稼げるようなスキルがないとしたら、必要なスキルが得られるような副業をしたり、余暇の時間に勉強を始めたりするのも良いと思います。

4　弁護士業で１億稼ぐ「仕組み」作り

　独立してからは、仕事は一気に楽しくなりました。同期の弁護士を誘って一緒に始めたのですが、最初のころは売上に応じて事務所がどんどん大きくなっていくので、その成長過程は楽しかったです。

　秘書も最初ひとりだったのが、２人、３人と増えていきました。雇われているときには、自分がいくら頑張っても、ボスのクライアントは私

のことを下働きとしてしか見てくれません。独立してからは、自分のクライアントに直接感謝してもらえるというのも、やりがいにつながっていました。

業務内容としても、大企業を相手にしているときには、すでに企業の法務部が練りに練った内容の確認をするのがメインです。それがベンチャー企業相手だと、法については素人のプレイヤーたちが巻き起こす生のトラブルに直面することになります。法律のプロとしては、未知の問題に取り組む方がやり甲斐がありました。

ただ、その上り調子も長く続いたわけではありませんでした。

というのも、弁護士にとって売上拡大は結局「足し算」なのです。ひとりが何案件担当するか。そして弁護士を何人抱えているか。それで売上はほとんど計算できてしまいます。弁護士に依頼する案件の客単価は概ね着手金50万円、成功報酬50万円の合計100万円程度でしょうか。すると、1人の弁護士が年間で20～30件を担当すると、売上は年間2000万円、3000万円ぐらいまでは順調に増えていっても、そこから1億円にはなかなか到達しないのです。

ひとりで独立したのは2009年、弁護士法人 Martial Arts を立ち上げたのは2011年ですが、そのあたりの時期は悩みも多かったです。1億の壁を越えるために、何かしらやり方を変えなければならないという焦りを感じていました。

通常、弁護士事務所が規模を拡大するのであれば、広告やCMを打って個人客の集客を増やす必要があります。しかしその分、資金力も必要です。我々にはそれがなかった。

であれば中小企業の顧問先を何百社と増やしていこう、という方針を当初は立てていました。ただ、結局それは弁護士事務所間の競争に巻き

込まれる「レッドオーシャン」だったのです。弁護士の採用も大変なので、その拡大路線は現実的ではないなと思うようになっていました。

　そんな時に、また転機となるような出会いが舞い込みました。ある大手通信キャリアから、未払い料金を回収してほしいという相談が来たのです。通信料金の支払いが遅れると督促状が届くのですが、まさにそれを送って料金を回収する「少額債権回収」の仕事です。回収の対象は通信料金だけではなく、通販の後払いやスマートフォンの分割支払いなんかも含まれます。

　これの何が画期的だったかというと、とにかく大量の債権回収を処理することになるということです。いきなり毎月数万人分の債務者リストが送られてくるので、そこに督促状を送付して回収を行います。

　もちろん、1件ずつ自分で督促行為をしていたらキリがないので、弁護士とスタッフを増員しました。すると、これらの業務をある程度自動化できるようになりますし、受注件数を増やせば、それだけ売上も大きくなっていきます。

　このように、自分ひとりながらも1件100万円の案件をあつかう「足し算」の世界から、1件あたりは小さくても自分以外の人員で大量に処理を行うことができる「掛け算」の世界へと移行したのです。すると、弁護士法人の売上は従前の7倍の規模に成長しました。弁護士1人あたりの売上も1億円を超えていき、法人としての生産性も高まりました。

　最初の仕組みづくりは大変ですが、一度システムができあがれば、あとはどんどん資産を築くことができる。ここで、私はようやく「右上」のビジネスオーナーになることができたのです。

　この仕事のポイントは、弁護士業務でありながらも、ビジネス的な工夫が必要な仕事だということです。

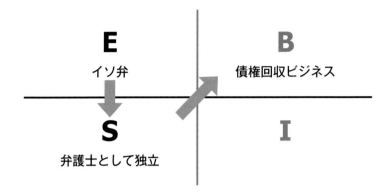

　こうした少額債権回収の業務は他の弁護士事務所間で競争となりますので、受注シェアを高めていくためには、回収率を高める必要があります。では回収率の差はどこで生まれるのかというと、たとえば督促状をどのようなタイミングで、どのような文言で出すのか、あるいは債務者に電話をかける際にどのようなトークマニュアルで話すべきなのか、といった工夫です。

　もちろんこれは弁護士業務なので、督促の内容やマニュアルは弁護士が作成する必要があります。とはいえ、回収率を高めるためには法律の知識があるだけでは不十分で、やはりビジネスの経験知が必要になります。

「弁護士」×「ビジネス経験」というふたつの参入障壁があるので、通常の弁護士業務と比べると、相対的に競争は激しくないと思います。実際、大規模事務所というわけではない我々でも、業界で2、3番手ぐらいのシェアをとれています。

　仕組みをつくれば、自分の身体以上の額が稼げる。このことに気づけたのは大きかったです。この仕組をつくり、売上を急成長させたこと

によって、ついに左下から右上への移行が達成できました。

5 そして投資家へ

　債権回収である程度の資産を築けたことと、会社の決算書も「ピカピカ」になり金融機関からも融資がつきやすくなったことで、後に始める不動産ビジネスの準備も整いました。

　ただ、実際に不動産投資の世界に飛び込んだのは、本当にいくつもの偶然が重なった結果です。もし条件が揃っていなかったら、挑戦はもっと後になっていたかもしれません。

　ひとつ目の偶然は、たまたま購入した自宅用のマンションが大幅に値上がりしたことです。

　ちょうど2012年ごろに、六本木駅徒歩3分の「THE ROPPONGI TOKYO」というマンションの1室を1億円ほどで購入しました。弁護士としての信用もありましたので、1億円の住宅ローンを組むことができました。

　そして2年後に、家を移る必要があってその部屋を売却したのですが、そのときに何と1億5000万円で売れたのです。それで借りていた1億円のローンを返済し、そこから税金も4割ほど引かれましたが、それでも手元に3000万円が残りました。何かをしたわけではなく、ただマンションを買って、住んで、そして売っただけです。利益を得ようとはまったく考えていませんでしたが、単純に売るだけでこんなにお金が増えるのか、と驚きました。

　いま思えば、リーマンショックや震災の直後でしたので景気が悪く、不動産の価格も暴落していたためにたまたま安く手に入っただけで、完全にビギナーズラックです。安く買った後に価格が急騰したのも、都心

のマンション価格がたまたま上昇局面だったからでしょう。ただ、その
ときの経験は非常に印象に残りました。

　不動産投資で得られるリターンには、インカムゲイン（家賃収入で継
続的に受け取る利益）とキャピタルゲイン（保有していた資産を売却する
ことによって得られる売却益）の2種類がありますが、私は、このときの経
験から特に後者のキャピタルゲインに魅了されました。

　ふたつ目の偶然は、弁護士法人の顧客に不動産会社が何社かあったこ
とです。契約書などを作成するので、ビジネスモデルをヒアリングする
機会もあるのですが、非常に儲かっているなという印象がありました。
　たとえば投資用のワンルームマンションを売っている会社も、「投資
で儲けたい」と思っている投資家（志望者）に、自社の利益をかなり乗
せた価格でマンションを売っているわけです。ということは、投資家よ
りもその販売会社の方が儲かるのは間違いない。ただ、販売会社も自分
たちで土地を仕入れたり、建物を建てたりしているところばかりではな
く、デベロッパーから物件（商品）を仕入れていたりする。となると、
デベロッパーはもっと儲かっているわけです。
　この構造が、自分が引っ越し屋を立ち上げたときに似ていると思いま
した。土地を仕入れてから物件を売却するまでの一連のフローをもし自
分でできたら、パッケージとして売られている物件を買うよりもはるか
に大きな利益が得られるだろう。そう確信しました。

　そこで、2015年ごろに、自宅マンションの売却益として残った3000万
円を頭金に4億円ほどの融資を引き出し、南青山の土地を仕入れて建物
を建築しました。結果的にその物件は、6億3000万円ほどで売却できた
ので、1件目の投資にしていきなり2億円ほどの利益です（このころ、

不動産投資を本格的に行う決意をして、宅建業者登録をしています）。この成功で自信を深めて、どんどん土地を仕入れて新築物件を建てていったという流れになります。

　こうして、私はキャッシュフロー・クワドラントの右下「投資家」へ移行しました。

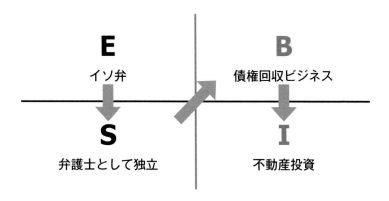

E

イソ弁

S

弁護士として独立

B

債権回収ビジネス

I

不動産投資

　ちなみに、土地を一から仕入れて物件を建て、客付けして、最終的に売却まで行う場合、当然やることは膨大に増えますし、リスクも背負うことになります。通常はデベロッパーが組織的にやっている仕事をひとりでやろうというわけですから、当然です。

　そんなときに大切になるのが、協力者の存在です。不動産の領域においても良き協力者に巡りあえたことで、スムーズに事業が軌道に乗りました。この点も、自宅マンションの売却、不動産会社の顧客との出会いに並ぶ、第三の偶然です。

　私は常々、人生のターニングポイントには「賢者との出会い」がある

と思っています。司法試験のときのY氏もそのひとりでした。Y氏にはその後の債権回収ビジネスを手がけるときにも、本当に助けてもらっています。私はビジネスを創り上げる（0を1にする）のが得意なのに対し、彼は物事を軌道に乗せる（1を2や3にする）のが得意ですので、私とは相性がよかったのです。

　不動産の話で言えば、今もお世話になっている設計事務所と出会ったのも大きかったです。その設計事務所は、もともと自宅用の戸建ての設計を専門としていた事務所で、自分の住宅を建てるときにお願いしたことがありました。

　ですので、収益物件については当時あまり経験がなかったのだと思いますが、なんとかお願いしてマンションを建ててもらいました。それがすぐに売れて2億円の利益になったことで、興味をもっていただけたのです。そこから、私が土地を見つけて、彼らに設計プランを依頼するという形で一緒に不動産事業に取り組んでいます。

6　朝倉兄弟も「右側」へ

　私がセコンドを務めている格闘家の朝倉未来・朝倉海兄弟も、徐々にキャッシュフロー・クワドラントの「左」から「右」へのシフトをしつつあります。私が東京へ呼び寄せる前、彼らは地元で普通に働いていました。そこから、トライフォース赤坂で雇い始めたときも正社員でした。つまり「左上」からスタートしているわけです。

　そこから、彼らは格闘家としてもYouTuberとしても有名になっていきます。このふたつは、どちらも個人事業主なので、「左下」です。普通に会社で雇用されているよりははるかに大きな額を稼ぐことができていたと思いますが、それでも彼ら自身が動けなくなってしまえば、収

入は途絶えてしまいます。

　格闘家であれば怪我のリスクもありますし、引退してしまえばファイトマネーは得られません。YouTuber も、単純に人気がなくなるリスクもありますが、それよりもプラットフォームの規制の変化などに大きく影響されてしまうところもリスクです。そのリスクは、表に立つ彼ら自身が肌で感じている部分だと思います。

　そこで彼らはいま、積極的に自分たちで事業をつくって「右上」のビジネスオーナーになろうとしています。アパレルの会社を立ち上げたり、未来くんはオンラインサロンを開設しています。また、そこで得た資金を使って、新たな格闘技ビジネスである「Breaking Down」に投資したりもしています。今後「Breaking Down」の価値が高まっていけば、会社を第三者に売却してキャピタルゲインを得ることもできます。これは「右下」の投資です。

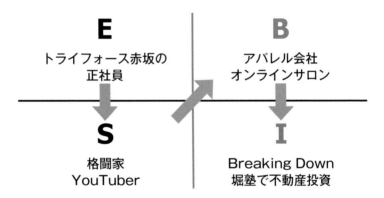

　未来くんは、堀塾の紹介で都内に一億円の土地を購入し、不動産投資にもチャレンジすることになりました。反響も大きかったですし、未来

くんにとっても大きなチャレンジになると思います（※）。

　けれど実は、私としては不動産投資を積極的に勧める気はなかったのです。どちらかというと、今は格闘技に集中して欲しい気持ちもありました。ただ、未来くんが私のセミナーを聴きに来てくれたり、「不動産投資をしたい」という話を何度もしてくれたりという経緯があり、そこまで本気なのであればとサポートすることになりました。

　計画は順調に進んでいます。面白かったのは、未来くんが意外と安定志向だったことでした。私のように売却して大きなキャピタルゲインを得るのではなく、売らずに賃料収入で借金を返済し、その後も不労所得を得たいと考えているようです。

　　※詳細はふわっとmikuruチャンネル「2億5千万円でマンションを建てます」をご覧ください。

　その慎重さがどことなく彼の格闘技のスタイルにも通ずるような気がして、興味深いです。もちろん、未来くんもまだ勉強し始めた段階なので、そのあたりの考え方は今後どんどん変わっていくと思います。

7　格闘技で手に入れたスタミナと精神力

　ここまで、自分の人生を振り返りながら、ターニングポイントとなった出来事について話してきました。大学時代に引っ越し屋を立ち上げたことで自分でビジネスをすることの重要性を学び、その経験を、債権回収による仕組みづくりや、自ら土地から新築する不動産事業に生かすことで資産を作りました。「トライフォース赤坂」や不動産投資スクールの「堀塾」、「Breaking Down」をはじめとする事業への投資などは、すべてこうしたビジネスによって得た資産と経験をベースに行っていま

す。

　しかし、私という人間は、これらの事業だけでできているわけではありません。「闘う弁護士」というキャッチフレーズにもあるように、「格闘技」は私の人生に不可欠な要素です。私の人生に大きな影響を与えている格闘技との出会いを、簡単にお話したいと思います。

　格闘技に興味を持ち始めたのは、大学生になってからです。最初にはまったのはK-1で、アンディ・フグやピーター・アーツを熱心に見ていました。当時は引っ越しのバイトをしていたので腕っ節には自信があり、格闘技の経験が全くないにもかかわらず、なぜか自分が強いと思い込んでいました。素人ゆえの、根拠なき自信です。

　ただ、在学中は引っ越し屋が忙しく、司法試験の勉強もしなければいけなかったので、本格的に格闘技を始めることはできませんでした。始めたのは比較的遅くて、司法試験合格後の26歳のときです。当時は「PRIDE」全盛期で、グレイシーを「格好いい」と思っていたので、ブラジリアン柔術道場に入りました。当然、自信満々の状態です。

　しかし、いざ対戦してみると、自分よりも小柄な人に手も足も出ず、ボコボコにやられてしまったのです。いま考えれば当たり前ですが、その時は本当に驚きました。悔しいと言うよりも、むしろ「格闘技ってすごい！」と目覚めてしまって、そこから本格的に練習を始めました。

　そこからは弁護士の仕事をしながら練習に励み、「THE OUTSIDER」（※）に出場して、不良出身の若者とリアルファイトでバチバチに戦っていました。戦績も20勝11敗と大きく勝ち越して、最終的にはプロ契約も結ぶこともできました。

　当時、私は試合中の怪我（眼窩底骨折）で2回手術しています。すると、どうしても何週間かは仕事ができなくなります。こうなってしまう

と、自分自身が稼働しないと売上が立たないタイプの仕事を続けるのは難しくなります。格闘技は続けたかったので、なんとか「仕組み」をつくり、自分の手からある程度離れた収益源を持ちたいと考えていました。債権回収の仕組みづくりに本気で取り組んだ背景には、このような事情もあったのです。

　この時のリアルファイトの経験が、私の強靭なメンタルやビジネスを構築する推進力に生きているのは間違いありません。ビジネスを継続するための無尽蔵のスタミナと、絶対に折れない精神力を手に入れることができたのです。

　　※元プロレスラー前田日明氏が旗揚げした総合格闘技興行。「不良達ヨ、
　　　覚醒セヨ。」をキャッチコピーに、不良の更生と青少年の健全な育成を
　　　目的としている。

第2章
お金持ちになるための5箇条

　元ヤクルトスワローズの監督である故・野村克也氏は、「野球とは」「監督とは」「捕手とは」というように、言葉の定義を考えることによって理解を深めるという"「とは」理論"を提唱していました。
「とは精神」を持ち、自問自答していくことで、考えが深まる、ということです。

　捕手を「投手の球を受ける人である」と定義する捕手と、「投手の女房役であり、投手の考え方や嗜好、癖をよく理解し、投手のその日のコンディションに合わせて最高の配球を組み立てる人」と定義する捕手とでは、捕手としての成果が全く変わってくるという意味です。

　そこで、我々はお金持ちを目指すにあたっては、お金持ちになる人の定義を考えることから始める必要があります。私がこれまでに財を築いてきた過程を思い起こし、自問自答していくことで、以下の定義を導きました。

　お金持ちになる人とは、「自分でゲームに参加して、人から応援されて、掛け算で収入を増やして資産を築いていく人」です。

　以下では、この定義を前提に詳しく見ていきます。

1　成功には動機が必要

まずは動機を明確にする

　もしあなたが何か事業を始めたいと思うなら、そもそも何のためにその事業をやるのか（＝動機）を明確にする必要があります。

　動機が不明確だと本気になることはありません。親から言われるがまま受験勉強をしていても、勉強に身が入らないといった経験のある方もいらっしゃるでしょう。逆に、社会人になってから、自分のスキルアップのために資格試験を受ける場合のように、その資格を使ってやりたい仕事が明確であれば、集中して勉強に取り組むことができるでしょう。

　このように、まずは明確な動機を持つことで自分のモチベーションを高め、成功の確率を高めることが必要です。

　とはいえ、その動機が「自分の収入アップのため」とか、「自分の将来を安定させるため」といった自分本位の動機であると、成功は頭打ちになります。自分自身が本気になることはできるかもしれませんが、周囲の応援や力添えは期待できません。

　自分ひとりの力のみで成功しようとすると、小規模のビジネスで成功することができても、会社を大きくしたり、果ては会社をM&Aで売却したり、IPO（上場）させたりという大きな成功を収めることは不可能です。ビジネスを大きくするためには、様々なステークホルダー（利

害関係人)、社員、経営陣の多大なる協力が不可欠なのです。

この点、お金持ちになる人は、前述の定義にもあるように「人から応援される」ことを上手く取り入れています。

このように、本当の意味で大きな成功を収めたいのであれば、多くの人からサポートしてもらう必要があります。ドラゴンボールの元気玉（※）をイメージしていただけると分かりやすいでしょう。

そして、そのような周囲のサポートを得るには、自分本位な考えから出発しがちなところを、いかに「他人のために」へと変えられるかが成功のキーポイントとなります。

> ※アニメ『ドラゴンボール』の孫悟空の最強の必殺技です。「オラにほんのちょっとずつだけ元気をわけてくれ」というお決まりのセリフと共に両手を天に掲げ、草や木、人間や動物、物や大気など、自然界に存在する全ての物からエネルギーを集め、巨大なエネルギー弾として敵にぶつけます。その威力は絶大で、作中最強であると見受けられます。

「他者のために」から出発する

シドニー・オリンピックのレスリング日本代表で、HERO'S やDREAM、そして RIZIN でも戦ってきたレジェンド・ファイターの宮田和幸さんが以下のようにツイートしていました。

> 強くなってからスポンサー付いたりお金稼いだりするのは当然で
> 強くなるまでに生活見てあげたりスポンサー紹介したり練習できたり
> とサポートするのが大事。

　宮田さんは私と同じ年齢で、現在はBRAVEというジムを主宰していますが、そこで内弟子を何人も抱えています。内弟子には住まいや練習場所、インストラクターの仕事を提供しています。売れた後にスポンサーをやるのではなく、売れる前の若者に「売れるための環境や機会」を提供しているのです。

　若い選手の場合、通常は、一番成長できる若い時期に仕事をしないと生活できないため、格闘技に打ち込めないということがほとんどなのですが、宮田さんは内弟子に理想的な環境を提供して、強い選手を育成しています。

　その結果、第9代DEEPライト級王者・武田光司選手、第8代DEEPフェザー級王者・芦田崇宏選手、第4代ZSTフライ級王者・竿本樹生選手、ZSTフライ級暫定王者・坂巻魁斗選手、初代GRACHANフライ級王者・鈴木隼人、第6代GRACHANバンタム級王者・伊藤空也選手、第3代GLADIATORフェザー級王者・原口央選手と、実に7人のチャンピオンを誕生させています。

　強い選手を育てられれば自分のジムの評判も上がりますが、それだけでなく、格闘技シーンが盛り上がり、格闘技という文化を広めることができます。すると周囲の格闘技関係者は、彼を支援したくなるはずです。これが理想の循環です。

きっかけは朝倉兄弟

私がこのことに気づいたきっかけは、朝倉兄弟との関わりです。
　いまや朝倉兄弟も、RIZINのトップファイターで、未来くんは登録

者190万人、海くんは登録者100万人の日本でも屈指の YouTuber でもあります。

そんな彼らも、もともとは地元の愛知県で細々と仕事をしながら、アマチュア団体の THE OUTSIDER への出場をベースに格闘技をやっているという状況でした。彼らを東京に呼び寄せたのは私なのですが、そこに損得勘定はまったくありませんでした。単純に「この二人は THE OUTSIDER で留まる才能ではなく、RIZIN をはじめとした大舞台で当たり前のように活躍できる選手だ」と思っただけです。

THE OUTSIDER の選手が RIZIN で活躍できるはずがない、とその時は周りのプロ選手からは笑われましたが、その後の活躍はみなさんのご存知の通りです。

これは、自分に先見の明があったという話ではありません。「有名になるだろうな」とは思っていましたが、それで自分に何かのリターンが返ってくるとは思っていませんでした。

たしかに、彼らとの出会いは私の格闘技人生を豊かにしてくれました。しかしそれ以上に、彼らは私に予想もしなかった大きな機会をもたらしてくれたのです。

そのひとつが YouTube です。

彼らが YouTube を始めたとき、私はほとんど YouTube のことがよくわかっておらず、彼らのチャンネルがこんなに伸びるなんて想像もしていませんでした。この年代の男性にありがちですが、Twitter やInstagram がよくわからず、Facebook だけたまに更新しているというタイプだったのです。

「堀さんのビジネスにも役立ちますよ」と彼らが言うので、見よう見まねでチャンネルを開設しました。最初の方はまじめに不動産の話をしているだけで、案の定、再生数は全然伸びません。そこで彼らにアドバイスをもらったり、彼らのチャンネルとコラボをさせてもらったりして、

そこから一気に再生数が増えました。

　登録者数も順調に増えていき、現在8万4000人で、堀塾の集客もなんとほぼ100% YouTube 経由です。

　朝倉兄弟の YouTube から堀塾ちゃんねるに視聴者が流れて、そのうち不動産投資に興味のある富裕層の方が堀塾に入塾するという流れができたのです。

　堀塾の令和3年6月期売上は年間で8億円程度、税引き前当期純利益は6億円程度ですが、このように広告費をかけずに集客できているので、驚異の利益率（75%）となっています。

　当初の私は、「2人の才能を発揮させてあげたい」という「他人のために」の精神で上京のお手伝いをしたのですが、結果として、私のビジネスは大きく成長することになりました。

　私はこのとき、「他人のために何気なくしたことが、思わぬ形で自分を大きく助けてくれる」と実感したのです。

　以前、未来くんは以下のようにツイートしてくれました。

　そういえば、堀塾に入塾して一億円の土地を買いました。

　そこにマンションを建てます
　どうなるのか、楽しみ
　堀さんを信頼しているので不動産に対して全く無知ではあります

　人から信頼されて、応援されると、結果としてお金持ちになっていくよい例です。

オンラインサロンと、予期せぬ成功

「他人のために」から出発するとうまくいく。この原理を応用し、コミュニティづくりに発展させたものが、オンラインサロンです。2021年6月に開設した「堀鉄平ビジネススクール」では、思った以上にスムーズに利他の好循環が生まれていて日々驚いています。

　月1万円の会費が良い意味での参入障壁になっていて、熱意と利他性のあるサロン生が集まってくれています。そして、私は事あるごとに、「成功したければ、先に与える」ことの大切さを何度もお伝えして、サロン生にそのような習慣を心がけていただいています。

　たとえばサロン生の中に、フレンチレストランのシェフがいます。彼女はもともと自分のお店を経営していたのですが、コロナの影響で休業が続き経営が難しい状況になりました。そこでケータリングや出張サービスを始めようと思い、サロンに入会してくれたようです。すると、周りのサロン生は、各々のスキルで彼女のチャレンジをサポートし始めたのです。

　たとえばライターをしているサロン生が、彼女の料理への思いやバックグラウンドを掘り下げ、彼女の料理を食べてみたくなるようなストーリーを作り出します。それを今度は、映像系の仕事をしているサロン生が動画にして、Web制作会社を経営しているサロン生がそれをランディングページにまとめて公開する。あとはLINE@の運営経験のあるサロン生や、TikTokやInstagramなどSNS運用のコンサルティングができるサロン生も名乗りを上げてくれましたので、100名のサロン生がSNSで拡散すれば、かなりのリーチ力になります。おそらく、そのシェフがひとりで人を雇ったり集客をしたりしようとしていたら、相当な

お金と手間がかかっていたはずです。

　これには私も驚きました。予期せぬ成功です。
　そこで今度は、私の方から上記のサロン生（ライター、映像制作者、Web製作者等々）を誘って合弁会社を立ち上げることを検討するに至りました。フレンチのケータリングに限らず、新規事業を始めようとする個人事業主を相手に、ビジネスの集客支援をする会社です。

「マネジメントの権威」と呼ばれる経営学者である故ピーター・ドラッカー氏は、イノベーションのなかでももっとも易しく、もっとも成功に近い第一のものが、「予期せぬ成功」であると言います。

　要するに、「自分が助けてもらえるように、自分も助ける」という損得勘定的な考え方をすると、どこかで破綻してしまいます。自分を助けてくれるかどうかに関係なく、人を助ける人だからこそ、他人もその人を助けたくなるのです。
　損得勘定ではなく他人を助けられる人であるかどうか。そういう人が集まっているからこそ、サロンの中で予期せぬビジネスチームが生まれました。

お客様をワクワクさせる

　動機が「他者のために」であると人から応援されるという話をしましたが、この他者というのが直接的にお客様であると、より成功する確率は高まります。

　なぜなら、ビジネスの売上＝お客様を喜ばせる質×量で決まってきま

すので、お客様を喜ばせるために「真剣」である人の方が成功するのは当然なのです。

　そして、お客様を喜ばせるためには、自分自身がその商品やサービスを好きである必要があります。嫌いなものや、嫌いとまでいかなくとも自分に興味のない商品について、お客様が喜ぶように「真剣」になれることはありません。

　ビジネスで成功している人たちは、そのビジネスを止めるのが難しいくらいに自分のビジネスを楽しんでいます。自分のしていることにワクワクしていて、「次はこういうことができるのではないか？」とアイデアを出して、それを「お客様に提供したら、きっと喜んでくれるだろうな」ということを常に考えています。

　自分が欲しいものを追及して、お客様にも提供して喜んでもらいたい一心なのです。その結果、彼らの商品・サービスは、お客様からますます評価されていくことになります。

　例えば、私は不動産が好きなのですが、自分の建築したマンションやホテルの内装にデザイナーを起用して、異国情緒溢れる非日常な空間を作り出しました。一例として私の保有している沖縄のホテルの内装写真を公開します。これは、本書のカバー裏表紙に掲載してあります。リビングだけで100㎡あり、天井は7mの吹き抜け、階段で上階に上がるとバルコニーだけで175㎡あり、そこにプールやBBQスペースを設けています。目の前はビーチですので、寝室からも開放的な眺望が確保されています。

　私はこの部屋のデザインを決める際に、ホテルの客単価や稼働率を計

算してみたら内装費用の回収に何年もかかるから、コストを落としてデザインした場合の利益率と比較してみる、というようなことは一切していません。

　そうではなく、ここにこのお風呂を置くと、宿泊するお客様は日常の嫌なことを忘れてリラックスできたり、あるいはワクワクして前向きな気持ちになれるのではないだろうかとか、沖縄らしさを感じていただけるのではないかといったことを真剣に考えました。

　その結果、この部屋のADR（※）は30万円程度となり、近隣のラグジュアリーホテルの中でも群を抜く高単価で稼働させることに成功しました。

　　　※客室平均単価のこと。売上合計数÷販売客室数で算出される。

２　「足し算」から「掛け算」へ

上限を超えるには「掛け算」の発想が不可欠

　普通の人は、お金を増やそうと思ったら何をするかと言うと、残業や休日出勤、昇給の交渉、あるいは給与の高い会社への転職、副業等です。これだと、年収500万円の人が年収600万円や700万円、頑張れば1000万円になることができたとしても、年収１億円にはまず届きません。

　資格を取得しようとか、英語をマスターしようと努力しても、お金持ちになる方向には向かいません。

　これは、彼らが「足し算」の世界で生きているからです。

基本給＋残業代＋副業収入＝年収

これはサラリーマンだけではなく、個人事業主の方も一緒です。たとえばパーソナルトレーナーの方が収入を増やそうとすると、普段一日3コマ分働いているところを4コマ、5コマに増やすことになります。

1コマ + 1コマ + 1コマ + 1コマ + 1コマ = 5コマ分の報酬

足し算の世界で生きている人は構造的にお金持ちになれません。自分の時間や体力によって、上限が決まっているからです。また、足し算なので資産が増えていく速度が遅すぎます。

これに対して、お金持ちの発想は「掛け算」です。
たとえばクワドラント右上のビジネスオーナーを考えてみましょう。
彼らの売上の公式は、

売上 = 客単価 × 販売数

です。
理論上は、客単価を倍にすれば売上は倍になります。あるいは、販売数が倍になれば、同じように売上も倍になります。もちろん、客単価を上げるのも、販売数を増やすのも工夫が必要です。
重要なことは、売り上げが2倍、3倍、あるいは100倍以上にもなる可能性があるということです。掛け算の世界は、構造的にお金持ちになる可能性を秘めているのです。

さらに、クワドラント右下の投資家を考えてみましょう。
彼らの公式は、

収入＝投資額（元本）×利回り

です。

　利回りが同じなら、銀行から融資を受けて投資額を倍にすれば、その分収入も倍になります。また、工夫をして利回りを上げると、その分収入も掛け算で増えていきます。

　不動産投資をする際に、金融機関から融資を受けて金額の大きな物件に投資するのは、投資額（元本）を大きくすると、収入が増えるからです。熟練した不動産投資家は、皆さん、借金の金額を自慢するのが通常モードです。

サラリーマンでも「掛け算」はできる

　ここまでの説明で、「自分はサラリーマンや個人事業主だから、仕事を辞めなければお金持ちにはなれないのだろうか」とがっかりした方もいるかもしれませんが、そうではありません。

　たとえば、サラリーマンでありながら、会社から自社株を与えられたり、ストックオプションを付与されるケースがあります。給与の代わり、あるいは上積みとして与えられるのですが、その会社の株価が高騰した場合、「株価×付与された株数」の掛け算によって資産が増えていきます。

　また、個人事業主の方であっても、YouTuberの方の収入は、「再生時間×再生数」と掛け算で決まってきます。オンラインサロンを個人でやっている個人事業主の方も、「サロン会費×会員数」と掛け算で収入

が増えていきます。

　このように、左側の職業の人でも「掛け算」を意識することでお金を増やすことは可能です。

　さらに言えば、実際には、ひとりの人間がクワドラントの複数の領域にまたがることもあります。典型的なのが、左上のサラリーマンの方が右下の投資家として不動産投資をするものです。当然、不動産投資は前述の通り、掛け算の世界です。

　以上を前提に、クワドラントの左側の人が掛け算を意識してお金持ちになる方法について考察します。

　クワドラントの左側の人、特に左下の個人事業主の方でも、ビジネスの仕組みを工夫すれば、本業自体を掛け算にすることもできます。ポイントはお客様を儲けさせることです。そして、その儲けの何％かをもらうという契約にするのです。
　一例として個人事業主であるライターさんの収益は、原稿１枚あたりの単価×枚数となっていて、一見掛け算に見えますが、枚数を無限に増やすことはできませんので、結局、「足し算」の世界と言えます。

　原稿単価＋原稿単価＋原稿単価＝収入

　この仕組みについて、お客様を儲けさせることによって「掛け算」にするというのは、以下のような公式とするという意味です。

　お客様の売上が増えた部分×割合＝収入

　たとえば、ライターさんが自分の仕事の定義を "売るためのストーリーづくりを行うコンサルタント" と捉え直してみるとどうなるでしょうか。

　商品の販促に困っている企業から依頼を受けて、その商品の魅力を伝えるストーリーを考案して、販促のウェブサイトやLP（ランディングページ）に記載するライティングを請け負います。化粧品を通販で販売したり、野菜やドリンクを通販で販売する会社でもよいでしょう。

　なぜ、当社はその商品を販売するのか？　原材料にはどういう思いで何を使っているのか？　最高の商品・サービスを作り出すために、どれほどの困難を乗り越えてきたのか？　この商品を通してお客様にどう変わって欲しいと願っているのか？　等々について、お客様に感動を与えて、思わず注文してしまうようなストーリーをライティングします。

　これによって、企業の売上を大きく伸ばすことができれば、その中から一定の割合で報酬をいただけばよいのです。これによって、ご自身の儲けの構造を掛け算の世界に移行することが可能です。

　ライターさんの手腕で、企業の売上が大きく上がった場合に、儲かった分をその企業が独占するのではなく、一部をライターさんにも還元すべきという当然の価値観にも基づいています。

　自分の腕前が上がり、より魅力的に商品をアピールできるようになれば、労力としては今までと同じ一記事分でも、売上はどんどん上がっていくでしょう。

3 自分で「ゲーム」に参加する

「ゲーム」に参加する側でなければ絶対に儲からない

世の中には 2 種類の人間しかいません。自分でゲームに参加する人と、ゲームから生まれたパッケージ商品を買う人です。お金持ちになるのは、当然前者です。

普通の人がお金持ちになろうと思っているのに、人の作った完成されたパッケージ商品を購入しているだけでは、お金持ちになれるわけがないのです。

不動産の開発を例に説明しましょう。

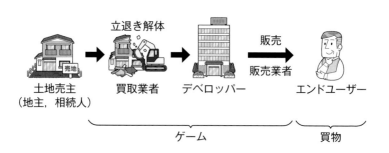

土地を持っているのは、地主や相続人、あるいは事業のために土地を所有する一般企業です。

仕入れ業者は、デベロッパーに開発素地を渡すために、まず土地や建物の所有者から不動産を購入します。古い建物を購入する場合は、今の

入居者に退去してもらい、建物を解体して更地にする工程も必要です。

　そうして得られた更地をマンション専門のデベロッパーに売却します。

　そしてマンションデベロッパーが建てたマンションの各部屋を、販売会社がエンドユーザーに販売します。一般消費者は、この一連の工程の最後に登場するのです。

　この中で、最も儲かるのはデベロッパーです。その次が仕入れ業者で、その次が販売会社でしょう。

　最初に土地を手放している地主は売る側なので一見優位に思えますが、仕入れ業者はデベロッパーに卸せる価格でしか購入しませんので、地主は必ず土地を安売りすることになります。

　賃借人との立ち退き交渉や解体工事、マンションの建設、完成したマンションを広告展開して販売するという一連の流れがゲームであり、ゲームに参加しているのが仕入れ業者、デベロッパー、販売会社の3者ですので、彼らが儲かるのです。

　そのゲームの範囲外の地主や、商品を買っているだけのエンドユーザーは儲かりません。これが自分でゲームに参加する人がお金持ちになるという意味です。

　しかし、個人である投資家がデベロッパーの立場で投資するなどということが可能なのでしょうか。数十億円規模の開発となってくると、資金的にもノウハウ的にも難しいと思いますが、2～3億円程度の投資（土地で1億円、建築費2億円など）であれば個人の投資家が土地から新築するということはよくあります。完成している建物を買うのではなく、土地を買って、設計事務所や工務店に発注しながら建物を建築するのです。私はこれを「一人デベロッパー」と呼んでいて、私自身が一人デベロッパーの第一人者であると自負しています。堀塾は一人デベロッパー養成のスクールですので、興味のある方は体験セミナーにお越しくださ

い。

　自分でゲームに参加しないばかりに損をするという例はたくさんあります。

　たとえば、宝くじの還元率は50％程度と言われていますが、これはゲームを作っている国が必ず儲かり、パッケージ商品（宝くじ）を買う国民は儲からないということを意味しています。国民が宝くじを10億円分買ったとすると、まず5億は国が持って行って、残りの5億円を抽選で国民に分配します。1万円の宝くじを買った場合、5000円が当選する計算です。「いや、自分だけは2万円が当たるはずだ」「3億円が当たるかもしれない」と考えて買うのでしょうが、実際にはそのようにうまくいくこともなく、国民は宝くじを買った瞬間に含み損を抱えることになります。

　宝くじを買ったり、ワンルームマンションを業者から買ったりしているようでは、絶対にお金持ちにはなれません。

「わらしべ長者」たれ

　おとぎ話の「わらしべ長者」をご存知でしょうか。ある貧乏人が、自分の持っていた「わら」を他人と物々交換していき、少しずつ価値の高いものを手に入れて、最後には大金持ちになるというお話です。

　この寓話で重要なポイントは、わらしべ長者が「交換した瞬間に含み益が出るもの」とだけ交換しているという点です。もともと持っているものをより価値の高いものと交換しているのです。これは重要な知見です。

投資の話に引きつけると、要するに「買った瞬間に含み益が出るものに投資しろ」ということです。みなさん投資というと「これから含み益が生じるであろうものに投資する」と考えがちです。それは間違いではありません。賃料収入や配当を得ながら、徐々に資産を形成していく考えです。

しかし、見落としがちですが、間違いなく儲けることができるのは、買った瞬間に含み益が生まれる対象なのです。そして恐ろしいことに、買った瞬間に含み損が生まれるものも存在します。それが、何度も繰り返しお話している「パッケージ商品」です。先の宝くじを買う話（1万円分を買うと、5000円が当選する）が典型です。

個人が一人デベロッパーとしてゲームに参加する例で説明しましょう。一人デベロッパーがある土地を購入し、マンションを建てるとします。仮に土地と建物がそれぞれ1億円ずつ、合計2億円の投資だとして、このマンションは、完成した瞬間に最低でも（周辺相場やニーズ等から）2億6000万円は下回らないと想定します。すると、この投資商品である土地と建物は、買った瞬間に単純計算で6000万円の含み益を持っていることになります。

では、このマンションを2億6000万円で一棟買いする側はどうでしょうか。もしこのマンションを買ってすぐに手放したいと思っても、マンション相場がよほど急騰しない限りは、2億6000万円か、それ以下でしかまず売れません。少なくとも、元の売主と同じように6000万円程度の利益を出そうと思ったら、それなりに市況が上向くか、高くても欲しい事情を持った買主が現れるかしなければ難しいでしょう。いずれにせよ、不確定要素が大きく絡んでくるわけです。

普通の人は、投資をするときにこの後者の商品を買ってしまいがちです。すると、運を天に任せる博打になってしまうのです。勝てないから

手放したいと思っても、買った値段で売ることは難しいので結局損をしてしまいます。「わらしべ長者」のたとえは、裏返せばこの「損確定」な状態をいかに回避するかという教えなのです。既に資産を十分に築いた資産家の人が、相続税対策で完成品を買うのであればよいですが、これから資産を増やしたいという普通の人は自分でゲームに参加すべきです。

自分の頭で考える

ところで、なぜ人は割高の商品を掴んでしまうのでしょうか。理由は色々ありますが、たとえば「節税のため」とか「銀行が貸してくれたから」とか「営業マンに勧められたから」とか、要するにその商品を買う必然性がない状態で、別の理由で買うものを選んでしまっているのです。買う商品の選択を他人に委ねていると言い換えてもいいでしょう。

よく中小企業の社長さんが、節税のためにとベンツやフェラーリなどの高級車を買っています。この時に、よく調べずに割高な状態で買ってしまうのはありがちなことです。2000万円で購入して、売るときに1500万円になってしまうのであれば、節税効果なんてすぐに吹き飛んでしまいます。

マンションにせよ車にせよ、自分で生産することができない場合でも、とりわけ割高な状態のパッケージ商品を掴まされていないかをよく考えてから買うべきです。あるいはパッケージ商品を買うにしても、市況をよく読み、これから間違いなく上がる（これ以上は下がらない）と思えるタイミングで買うことを意識しましょう。

自分の頭で考えることが重要です。

就職活動もパッケージ商品はダメ

　別の例を挙げてみます。これを読んでいる人の中には学生の方もいるかもしれませんので、就職活動を例にとりましょう。就職先を規模で考えると、いくつかの選択肢に分けられます。

　まずは、（ちょっと例外的ですが）自分で会社を立ち上げる。あるいは従業員10人程度のベンチャー企業に就職する。従業員100人程度のマザーズ上場企業に就職する。従業員2000人規模の大企業に就職する。

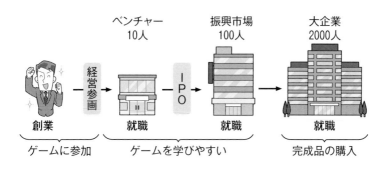

　これらの選択肢の中で、大企業を選ぶ人は、いわばパッケージ商品を買っている人です。大企業はビジネスの仕組みができあがっているので、よほど革新的な新規事業プロジェクトにでも配属されない限り、ビジネス的に新しい挑戦をする機会は乏しくなります。また、大企業の売上や事業規模が数年で何倍にもなることは考えられないので、会社が急成長するという感覚を味わえないのもデメリットです。

　もちろん待遇はよいかもしれませんが、自分で事業を立ち上げたりするよりは少ない範囲で安定してしまうでしょう。まさにローリスク・ロ

ーリターンです。普通に生活していく分には大企業の方が安定しますが、本書の目的はお金持ちを目指す方法を記すことなので、その観点では大企業の魅力はどうしても弱くなります。

　要するに、普通の人がお金持ちになろうと思っているのに、人の作った完成された大企業に就職しても、お金持ちになれるわけがないのです。

　一番儲かるのは自分で起業をして会社を上場させることですが、ほとんどの人にとっては難しいはずです。ですので、個人的にはベンチャー企業か、上場企業に就職するにしてもマザーズなどの新興市場（※）の企業への就職をおすすめします。

　今後成長する企業に早いうちに就職すれば、会社の成長に合わせて恩恵を受けられます。ストックオプションがもらえたら、それだけである程度の資産をつくれます。実は堀塾の塾生さんの中にも、会社にもらったストックオプションで最初の資金を作ったという人が何人かいます。オプションを行使して、数千万円から最大で4億円を手にしたという強者もいました。そういう意味では、サラリーマンも「就職先」に投資しているのです。

　そうした直接の利益以外にもメリットは多々あります。社員数が少なければ自分が役員になれる可能性も高いですし、経営者とも近い距離で仕事ができます。新規事業もつくりやすいでしょう。つまり、ゲームに参加するとはどういうことかを実地で学びやすいのです。
　これについても「絶対に大企業はダメ」「絶対にベンチャーじゃないとダメ」ということではなく、大事なのは「ゲームに参加できるかどうか」という考え方で就職先を見るということです。よく言われがちな仕

事の規模感や安定性で選ぶのではなく、「ここでならゲームを学べる」
と思える場所を選びましょう。

　　※東京証券取引所は、現在の1部、2部、マザーズ、ジャスダックの4
　　　つの市場区分を「プライム」「スタンダード」「グロース」の3市場に
　　　再編することが決定しています。

ゲームに乗っかるビジネスオーナー

　前の項目にも関わる部分ですが、ポイントは「仕組みに乗っかる」の
ではなく「仕組みをつくる」ということです。たとえば何かを売るにし
ても、誰かが用意した商品を仕入れて売るのではなく、自分で商品を開
発できないか試してみる。すると、利益率の面でも、オリジナリティの
面でもプラスになるはずです。

　クワドラント右上のビジネスオーナーについても、これは当てはまり
ます。ビジネスオーナーになればお金持ちになれるというわけではなく、
既存のビジネスモデルを仕入れている人とビジネスの仕組みを自分で開
発している人では天地の差があります。前者はいわゆるフランチャイジ
ーや下請け会社です。後者はフランチャイズのオーナー側、つまりフラ
ンチャイザーや、元請け会社です。いずれにせよ、既製品、パッケージ
商品に頼らず、自分で商品を開発するのが大事ということです。

　つまり、クワドラントの4種類の職業には、実はさらに「ゲームに参
加する人」と「ゲームに乗っかる人」という2つの分岐があるというこ
とです。フランチャイズのパッケージに乗っかっている右上のビジネス
オーナーよりも、自分で事業に参加している左上のベンチャー企業の役
員の方が稼いでいることは十分ありうるでしょう。クワドラントの右側
にいけたから安心というわけでもなく、またクワドラントの左側だから

といって諦める必要もないのです。

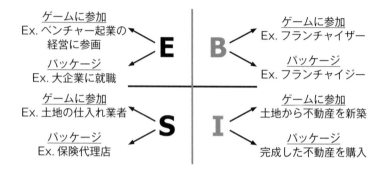

ゲームに参加
Ex. ベンチャー起業の
　経営に参画

パッケージ
Ex. 大企業に就職

E

ゲームに参加
Ex. フランチャイザー

パッケージ
Ex. フランチャイジー

B

ゲームに参加
Ex. 土地の仕入れ業者

パッケージ
Ex. 保険代理店

S

ゲームに参加
土地から不動産を新築

パッケージ
完成した不動産を購入

I

4　自分が何者なのかを見極める

「本当にお金持ちになりたいのか？」を考える

　人には器があります。

　大きく分けて、お金持ちになっていく器の人と、安定して現状に留まるべき器の人です。

　それゆえ、「自分が本当にお金持ちになりたいのかどうか」をしっかり見極めることも大切です。

　人間、なかなか自分の器の大きさを自覚できません。本当は安定志向な人が、そのことに気づかずに「掛け算」の仕事を始めてしまったら、きっとストレスに耐えきれないでしょう。安易に起業して、社員を雇用したところ、社員数が15名を超えてきたあたりでマネジメントの難しさに気付いてストレスに耐えられないという人もいました。

　逆に、稼ぐだけ稼いでさっさとリタイアしたいと思っていた人が、いざ実際にアーリーリタイアしてみるとあまりの暇っぷりに耐えられなくなり仕事に戻ってきてしまうパターンもあります。このタイプの人が堀塾に入塾してくることがよくあります。ご自身の会社を上場企業にバイアウトして、現金で10億円程度を手にして家族でハワイに移住。何もすることがない事に飽きてきたころに、私の YouTube「堀塾ちゃんねる」を見て入塾を決意してくれた方もいました。

　自分は何者で、本当は何がしたいのかを見極めることが必要です。

　たとえば飲食店を何店舗か経営するとして、自分の友人知人や、近しい地域のお客様だけに「美味しい」と言ってもらえたら十分と考えている人と、店舗を全国展開して売上と利益を最大に伸ばしていきたいと考えている人とでは、取るべき戦略はまったく異なります。
　経営戦略はもちろん異なりますし、普段付き合うべき人や、教えを乞うべきメンター、勉強のために入るべきオンラインサロンなども変わってくるでしょう。その意味でも、自分を知ることは大切なのです。

　投資についても同じことが言えます。
　アーリーリタイア志向なのか、定年延長してでも働きたいのか。インカムゲイン型で薄く安定的に稼ぎたいのか、キャピタルゲインでどかっと一気に稼ぎたいのか。自分で全部やりたいタイプなのか、多くの人の助けを得たいタイプなのか。どれを選ぶかで、取るべき戦略は大きく変わるでしょう。

　ちなみに、私自身が自分の器をはっきりと自覚したのは、引っ越し屋

を立ち上げた時です。

　すでにお話ししたように、バイトとして働くぐらいなら、自分で一からやった方がたくさん稼げるという考えで立ち上げましたが、もちろんリスクもありました。トラックを自分で手配したり、お客さんを集めたり、トラブルに対応したり、そのすべてを自分でやらなければなりません。そこまでしてでも自分で稼ぎたいのか、それともバイトとして働き続けるのか。引っ越しのバイトはバイトの中では給料の高い部類で、自分のお小遣いはバイトのままでも十分に賄えたのでなおさら悩みました。その結果、荒波に揉まれてでも自力で儲けたいと思ったので立ち上げに踏み切りました。その時に、自分はとにかく稼ぎたいタイプなんだな、と自覚したのです。

就職先も自分の目指すゴールで変わる

　ロバート・キヨサキの『金持ち父さん貧乏父さん』（筑摩書房刊）のなかに、以下の名言があります。

　いくら稼げるかではなくて、何を学べるかで仕事を探しなさい

　これは言い換えれば、「最終的に何になりたいのか」で仕事を選びなさいということです。自分の最終目標がビジネスオーナーなのであれば、ベンチャー企業で会社の作り方、育て方を学ぶべきでしょう。あるいは、コンサル会社や税理士事務所、銀行など、企業のビジネスモデルを分析、助言する立場の仕事を選ぶのもいいでしょう。

　銀行は最近就職先として不人気なようですが、それは「銀行に一生勤める」と考えるから魅力がないように見えているだけだと思います。銀行は融資の判断のために、企業のビジネスモデルや財務状況を分析しま

す。言ってしまえば、儲かっている会社とそうでない会社の違いを、仕事をしながら学べるということです。そう考えれば、かなり魅力的なキャリアのひとつだと言えると思います。

そうしたキャリアを目指している人はたとえば外資系コンサルなどを選びがちです。しかし実際には、外資系のコンサルだとクライアントはグローバル大企業になりがちです。そうすると、勉強するという意味では少し規模が大きくなりすぎてしまいます。そういう意味でも、銀行や税理士事務所は意外と狙い目です。入りやすさにおいても学べる内容においても、ステップアップに適していると思います。

ヒントは、職業の見方を変えることです。たとえば税理士なら、「税の処理を担当する仕事」ではなく、「中小企業の決算書をたくさん見られる仕事」として定義し直すのです。すると、その仕事からどんなメリットが得られるのかがわかってきます。そうやって、最終的にたどり着きたい地点から逆算することで、ベストなキャリア選択ができるでしょう。

5　お金持ちになるための5つのステップ

普通の人がお金持ちになろうと思うときに、いきなり投資したり、いきなりビジネスを立ち上げるというのはお勧めしません。投資するにしても、元手の小さい元金で投資したところでリターンも小さいですし、自分にノウハウや資産がない状態で起業しても上手くいく保証がないからです。

そこで、以下の5つのステップに沿ってお金持ちへの道を歩むことをお勧めします。

第1ステップ　自分のBS・PLを理解する

　第1のステップは、「自分のBS/PLを理解すること」です。

　会計用語に馴染みがない人にはピンとこないかもしれませんが、これはいわゆる貸借対照表＝バランスシート（BS）と損益計算書（PL）のことです。要するに、自分がどんな資産を持っていて、どのような流れでお金がたまっていくのかをしっかりと把握しておこうという話です。

　次の図をご覧ください。

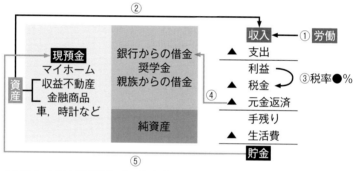

（▲はマイナスを意味しています。）

　まずは、現預金、マイホーム、収益不動産、株や投資信託などの金融商品、あとは車や時計など、自分の資産を全て書き出します。次に、借金についても同様に書き出します。住宅ローンや奨学金もここに含まれます。そして資産から借金を引いたものが、純資産です。この純資産がその人の持っている本当の資産です。

　次に、どこからどのような収入が入ってきて、支出がいくらあって、手取り額がどの程度になるのかを書き出します。労働から得られる収入もあれば（①）、さきほど書き出したBSの資産から得られる収入もあるでしょう（②）。収入－支出＝利益となり、利益が出ていれば税金が引かれます（③）。さらに、借入金の返済があります（④）。借入金の返済をすると、BSの借金の金額が減っていきますので、その分だけ純資産が増えることになります。こうして得られた手残りから生活費を差し引いて残った現金を現預金として貯金することになります（⑤）。

　このように自分のBSとPLを書き出して、まずは自分の資産とお金の流れをすべて把握するところから始めるのです。

第2ステップ　収入に直結する資産だけに整理する

　2つ目のステップは、「収入に直結する資産だけに整理する」です。

　第1ステップでBSとPLでお金の流れが整理できると、どの資産が収入に結び付いていて、どの資産が収入に結び付いていないかが明確となります。

　労働収入を増やすか（①）、資産からの収入を増やすか（②）をすれば、借金を減らして（④）、現預金を増やせますので（⑤）、純資産が増えていくのがよくわかると思います。
　他方で、マイホームや車、時計など、お金を生み出すことに繋がらない資産は、持っていても収入に直結しませんので、基本的には処分して換金する必要があります。

　この第2ステップでは、とにかく収入に直結するかどうかだけに絞って、資産を整理・換金するという事になります。例えば、車や時計などぜいたく品を売却したら200万円になるとして、その200万円を元手に（金融機関から800万円を借り入れて）1000万円の収益不動産を買った場合、利回り8％とすると年間の収入が80万円増えることになります。車などのぜいたく品は収入に結び付くどころか維持費で逆に支出を増やすことになりますので、このように資産を組み替える必要があります。いわば、「資産のリハビリ」を行うのです。

　車にしても、マイホームにしても、好きなものを買うのは自由です。自由ですが、それを買っていてはお金持ちには絶対になれません。すでに十分お金持ちの方が、これ以上の収入を求めないのであれば、どうぞ好きなマイホームと好きな車をご購入ください。これから成り上がりたい若者がぜいたく品を買っている場合ではないのです。

第3ステップ　現金を集める

　先の例で、200万円の元手で1000万円の収益不動産を買う事例を紹介しましたが、最初の元手が200万円程度ですと、前述の通り、収入が80万円増える程度にしかなりません。ある程度元手が大きくないと大きなリターンは得られないのです。資産が収入を生む場合の掛け算の公式は、「投資額×利回り」でしたので、収入を増やすためには投資額＝資産の額を大きくするのは必須です。そのためには、最初の現金が必要になります。現金がある程度ないと金融機関の融資も受けられないからです。
　ですので、3つ目のステップとして、最初の塊を作ってください。

　現金の塊を作るためには、労働を頑張って収入を増やしたり、生活費

を節約したりして、収支を改善します。前述のように車や時計など、要らない資産を売って現金化するのもいいでしょう。収益不動産など収入を生み出している資産であっても、価格が上昇していて、高く売れるのであれば売却してもよいです。売却により現金が一気に増えて、巨大な塊ができたという塾生さんも多数います。

　または、親族から借金するのも全然ありです。借金は増えますが、その分資産も増えます。資産が増えれば投資する金額が大きくなりますので、リターンも大きくなります。なりふり構わず、塊を作って下さい。

第4ステップ　投資する

　4つ目のステップは、「投資する」ことです。

　お金持ちは、自分が働かなくとも、資産に働いてもらうことで収入を得ますので、最初の塊ができ次第、迷わず投資をしてください。何度も説明していますが、投資の利益は投資額（元本）×利回りです。できるだけ大きな投資ができるように、借金をしてでも大きな投資をするべきでしょう（これをレバレッジと言います）。

　具体的な投資の手法や考え方は、第4章をご覧ください。

第5ステップ　自分のビジネスを持つ

　5つ目のステップは、「自分のビジネスを持つ」ことです。

　収入に直結しない資産を処分・整理して、最初の塊を作り、不動産や金融商品の資産を増やすことができたら（投資）、最後は自分のビジネスを持つようにします。

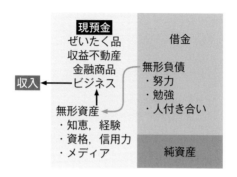

　ビジネスが軌道に乗ってしまえば、そこから得られる収入は投資による収入の比ではありません。

　具体的なビジネスの手法や考え方は、第3章をご覧いただきたいのですが、ここではビジネスを成功させるためにどのような資産を育てるべきかというアドバイスをしていきます。

　ビジネスを成功させるために必要なのは、知恵や経験、資格、信用力、メディア（発信力・発信手段）といった無形資産です。この本の第3章を学ぶことによりビジネスに必要な知恵が得られます。信用力を高めることで「他人の力を借りられる力」を蓄えます。SNSのフォロワーを増やすことで自分のメディアを持つこともできます。これら無形資産が育ってくると、ビジネスの成功確率は飛躍的に上がります。

　ただ、この無形資産を育てるには、努力をしたり勉強をしたりする必要があります。こうした精神的・時間的リソースの投入は、ある意味負債だと言えます。借金で資産の塊を作って投資をするのと同様に、努力や勉強、人付き合いといった無形負債を先にたくさん作り、それをもとに無形資産を得て、ビジネスを成功させるという順序です。

　こうして図解して整理すると、資格試験を受験するにしても、自分の
ビジネスに有効な資格を取得しようという視点になりますし、努力や勉
強の方向性が自分のビジネスの土台となる知恵や経験を得るためのもの
に向かうことになります。要するに、無駄な努力がなくなるということ
です。人付き合いするにしても、結果的に自分の無形資産を向上させて
くれるような、互いを高め合える人とだけ付き合うことになるはずです。
　本章で解説した5つのステップに従って、お金持ちになる道を進んで
いきましょう。

第3章
ビジネスをマスターする

1　ビジネスとは「自分がいなくても回る」仕組みを作ること

「お金持ちになる人とは」と「とは」理論で定義を考えたように、ここでもまずはビジネスとは？　何かを考えてみましょう。

　前出の『金持ち父さんのキャッシュフロー・クワドラント』（ロバート・キヨサキ）では、

　ビジネスとは、自分がいなくても収入を生み出せるシステムのことである

と述べられています。これは、キャッシュフロー・クワドラントにおける「右上」、つまりビジネスオーナーの条件を言葉にしたものです。

　さらに、同著では、

　自分がその場にいて働かなければならないのであれば、それはビジネスとは言えない。自分の「仕事」だ。

としています。

　自分がせっせと働いてお金を稼ぐというのは、自営業やサラリーマンといった「左側」の働き方です。ここからお金持ちに、つまり「ビジネス」を手がける「右側」の存在になるために必要になるのが、「自分がその場にいなくても儲かる仕組みを作ること」です。

　わかりやすいのが、大手コンビニチェーンの例です。多数のコンビニを経営する社長が、持っている店舗すべての経営を自分で見ようと思ったら、たいへんなことになってしまいます。本社の社員が見るとしてもせいぜい一人あたり数店舗が限界ですから、日本中を網羅することは難しくなるでしょう。直営で店舗を増やそうとすると、どこかで拡大は頭打ちになるのです。

　フランチャイズは、それを打破するために導入されている仕組みです。社員の代わりに店舗を経営してくれるオーナーを募り、一定のロイヤリティを回収する仕組みにすることで、経営をある程度手離れさせた上で儲けられるようになります。店舗数も、自社のリソースをはるかに超えた数にまで拡大できるのです。これが可能なのは、コンビニというシステムがきわめて高度にフォーマット化されていて、誰が店長をやったとしてもそこまで売上に大きな差が出ないからです。

　私自身の例もお話ししておきましょう。私の経営する堀塾（HORIJUKU株式会社）の例を使って「自分がいなくても儲かる仕組み」を構築している過程について説明したいと思います。

　まず、堀塾の塾生さんが入塾するまで、そして入塾後にどのような流れを辿るかについて図解しました。

興味	①堀塾ちゃんねる ＝ 堀 ⇒ 動画をストック
体験	②体験セミナー ＝ 堀 ⇒ 動画＋ファシリテーター
疑問解消	③入塾面談 ＝ 堀 ⇒ トークマニュアル＋研修
勉強	④毎月の講義 ＝ 堀 ⇒ 動画＋ファシリテーター
土地購入	⑤土地の紹介 ＝ 社員
建築	⑥設計・工務店紹介 ＝ 外注
客付	⑦客付業者紹介 ＝ 外注

（入塾）

最初は、私の YouTube「堀塾ちゃんねる」（①）を視聴していただき、意識の高い方から「今までは不動産投資に魅力を感じなかったけど、この方法ならお金持ちになれそうだ」と体験セミナーに申し込みをしていただきます（②）。

続いて、体験セミナーを受けた方と、私が1対1で ZOOM 面談を行

います。この際に、その方の資産状況や目標などをお聞きしながら、どのようなステップでお金持になっていくのが妥当かについてアドバイスさせていただきます（③）。

この面談を経て、入塾することになった塾生さんは、毎月私の講義を受けることになります（④）。堀塾では、パッケージ商品である完成した不動産を買うのではなく、塾生さん自身が自分でゲームに参加することを求めていますので、しっかりと勉強をしていただきます。

ゲームのルールを理解した塾生さんには、実際に土地を紹介します（⑤）。土地を購入できた塾生さんには、設計事務所や工務店も紹介して、一人デベロッパーとして建物を建築してもらいます（⑥）。その後、建物完成時、客付けの不動産管理会社も紹介して、満室にしてもらいます（⑦）。

上記の流れの中で、⑤は当社の宅建士が塾生さんに土地を紹介していますし、⑥⑦は外注先を紹介しているだけなので、私がいないでも回る仕組みができていますが、①～④までは私自身が自らサービスを提供しています。

そうすると、先ほどのビジネスの定義に照らせば、堀塾はまだ「ビジネス」ではなく、私の「仕事」＝クワドラント左下の個人事業なのではないかという見方もあります。

現在、このように①～④までの工程に私自身が時間と労力をつぎ込んでいるのは、塾生さんに入塾していただいて、毎月の講義を通して勉強してもらう過程においては、塾生さんとの信頼関係を構築して、オーダーメイドで塾生さんの人生を変えたいという思いからに他なりません。

私の提供するサービスは、どれも唯一無二です。堀塾ちゃんねる

（①）で提供するコンテンツや、体験セミナー（②）と毎月の講義（④）でお話しする内容は全てオリジナルで、1から10まで私が考えに考えて考案したノウハウを詰め込んでいます。入塾時の面談では、その面談だけで「人生が変わるきっかけとなりました」というお声をいただくこともあります。私の知識・経験を総動員して相談に乗るからです（③）。これらを他の社員に代わってもらうことはなかなか難しいと思います。

しかし、このように私自身がビジネスの工程に関与していると、シンプルに私の体力や時間の限界がそのままビジネスの限界になってしまいます。たとえば、全国で同時にセミナーをやることはどうしたって不可能ですし、面談を1日に100件やることも絶対にできません。要するに、集客の工程が規模拡大のボトルネックになるということです。

結局のところ、ビジネスの成果は、提供する仕事の「質×量」です。「いかに質の高いものを、いかにたくさんできるか」が成果に直結しますが、問題は片方を大事にすると、片方がおろそかになりがちということです。

質のことだけを考えれば、①〜④の工程を私が全部やったほうがお客様の満足度は高まります。ただ、そうすると量は増やせず、規模は拡大できません。これがキャッシュフロー・クワドラントの「左下」＝自営業者のジレンマです。

成果を大きくあげるためには、なるべく質を維持しながらも、量を増やしていくことが鍵になります。「何度でも（再現性）、誰がやっても（代替性）同じ成果が出るようにする」という仕組みを、マニュアルや自動化によってつくっていくことが大切です。

そこで、堀塾をクワドラント右上の「ビジネス」としていくべく、ボ

トルネックとなっている集客のプロセスを以下のように自動化していくつもりです。

　まず、堀塾ちゃんねるについては、不動産投資に関する動画として必要なもの全てを収録して、ストックしておきます。再生リストに整理してアップロードしておき、視聴者さんがいつでも必要なコンテンツを視聴できるようにしておきます（①を自動化）。

　次に、体験セミナーについては、事前に2時間の動画を収録しておき、セミナー当日は、会場で受講生に私の動画をご覧いただきつつ、訓練されたファシリテーターを用意して、私の動画の補足授業や質疑応答の対応をします（②の自動化）。こうすることで全国で同時にセミナーを開くことも可能となります。

　入塾面談については、私が普段相談に乗る際のアドバイス内容を体系化しておき、それをトークマニュアルに落とし込んで、訓練された相談員に担当してもらいます（③の自動化）。あるいは、入塾の面談において、簡単な質問事項や確認については、AIを使ったチャットボットなどで対応してもらってもいいかもしれません。現在でも家電などのカスタマーサポートはかなり自動化されてきているようなので、技術的には十分可能なはずです。それでも私自身が対応するべき質問などもあるとは思いますが、他の部分を自動化することで、むしろそうした本質的なコミュニケーションにリソースを集中できます。結果的に、今のように全部を自分ひとりでやるよりも、サービスの質や満足度は向上するかもしれません。

　最後は、毎月の講義ですが、これも1年分の講義を事前に収録しておき、講義当日は、会場で塾生さんに私の動画をご覧いただきつつ、訓練されたファシリテーターを用意して、私の動画の補足授業や質疑応答の対応をします（④の自動化）。

このように、少しでも「自分がいなくても回る仕組み」をつくれないかと試行錯誤することが、ビジネスの拡大にとっては大切になります。現状がうまくいっているように感じられたとしても、「どこかまだ自動化できるところはないか」と意識しておくことで、改善のためのアイデアも生まれやすくなるでしょう。

とはいえ、自動化を進める際には注意しておくべきことがあります。

それは、現場勘が鈍ってしまうことです。ビジネスオーナーは、自分のビジネスを俯瞰して、より高みに成長できるように、逆に少しの綻びから淘汰されてしまうことのないように、常にアンテナを張り巡らせて、自分のビジネスを改善していく必要がります。

そして、そのようなアンテナは現場に出ないと張ることすらできません。セミナー生と面談することでビジネスのアイデアが生まれることもありますし、塾生さんに対面で講義していく中で顧客のニーズに気付いて、大きな経営判断をすることもあり得ます。

たとえば、堀塾の塾生さんの中には、金融機関からの融資を得るのに苦戦している方もいらっしゃいます。そのような塾生さんに向けて、通常は、銀行開拓のノウハウをお伝えしたり、実際に銀行を紹介したりするのですが、それでもなかなか上手くいかない場合があります。ところが先日、塾生さん数名と雑談している中で、そうした状態を大きく覆すようなアイデアが生まれました。それは、「堀塾で銀行を買収する」というものです。実際に実行するかどうかはさておき、このようなビジネスが大転換するかもしれないアイデアは、現場に出ながらアンテナを張り巡らすことで初めて生じるのです。

私は、弁護士業務や格闘技を通じて、「最後は自分で現場に出ていき相手と向き合う」ということを大事にしてきました。リングの上では、

自分ひとりで相手に立ち向かわなければなりません。

　それはビジネスでも同じです。不動産投資にしても、いい土地を仕入れようと思ったら、さまざまな業者やブローカーと競り合いながら、交渉を有利に進めていかなければなりません。プロである彼らと「切った張った」の交渉を行うのは自分自身ですし、ここが弱くなってしまうと、ビジネスのすべての土台が崩れてしまいます。そういった意味でも現場には出続けて、自分のビジネスの「質」を落とさないように注意するべきでしょう。

　要するに自分が前に出ていくべきところと自動化するところを見極めて、「質×量」のバランスをベストなところに保つのが肝要ということです。

2　ビジネスを構築する5つのステップ

　前項でビジネスとは、「自分がいなくても収入を生み出せるシステム」のことであると定義しました。本項では、具体的にそのようなシステムを構築するための5つのステップを整理してお話しします。

　魚釣りに行く際には、潮の流れを読んで、釣りをする場所を決めるところから始めます。魚のいないところで魚は釣れません。また、魚がいる海であっても、他の漁船や船乗りで溢れていたら自分だけが釣るのは難しいでしょう。ビジネスもそれと同じように、まずは自分の戦う市場を決定します。その上で、自分がどのようにその魚を釣るかについても、この段階で戦略を練ります。ビジネスモデルの構築です。

　釣りをする場所が決まったら、その海に合わせて装備を整えます。手漕ぎボートで大西洋は渡れませんし、小さな池で釣りをするのに大型漁船は必要ありません。自分の戦う市場に合わせて、船やスタッフを準備

します。それらを用意するためにある程度の初期費用（最初の塊）が必要となるかもしれません。

　釣りに出かける場所が決まって、船や釣り竿などの準備が整ったら、まずは実際に釣りをしてみることです。実際に行動に出てみると、予想外のことが起こり得るものです。完璧な潮の流れや、完璧な装備が整うまで釣りに出ないとなると、現場の経験が積めません。ビジネスも、まずは行動して、経験を積み、軌道修正を図りながら成長していきます。

　その後は、実際に釣りをしてみて上手くいったことは継続し、上手くいかなかった場合は敗因を分析して、自分の強みも磨きながら釣る技術を覚えていきます。

　最後に、自分が自ら漁師として釣り続けていても、釣れる魚の量は増えません。漁師の仲間を組織化したり、魚の方からこちらにやってきて自動的に釣れてしまうシステムが必要です。

　これらを5つのステップとして整理すると、以下の通りです。

①　お金の流れを読んで、戦う市場を決めて、ビジネスモデルを考える
②　最初の塊を作って、必要な人員や設備・備品を準備する
③　まずは行動する
④　ビジネスのスキルを磨く
⑤　システムを作る

　次項から①〜⑤の順に、具体的なノウハウをお話ししていきます。

3　お金の流れを読んで、戦う市場を決めて、ビジネスモデルを考える

ビジネスモデルを決める

　この章では、ビジネスモデルの組み方をご紹介します。ビジネスモデルと言うと、何か大掛かりな仕掛けがあって、芸術的で美しい商流があるように思われるかもしれませんが、実際にはとてもシンプルなものです。

　次の図をご覧ください。

③販売する
　行動してもらう仕掛け

②価値を提供する
　良いと思ってもらう仕掛け

①見込み客を集める
　来てもらう仕掛け

　まず、①見込み客を集めてきて、②その見込み客に価値を提供して商

品・サービスを良いと思ってもらい、③実際に買ってもらうだけです。

　この過程で、①見込み客に来てもらう仕掛けが何パターンもあり、②良いと思ってもらう仕掛けも何パターンもあり、③行動してもらう仕掛けも何パターンもあるということです。

　典型的なモデルは、
　　①「お試しは無料です」という広告によって見込み客を集めて、
　　②実際に試食してもらったり、サービスの一部を提供して、
　　③その場で買っていただく
　パターンです。

　法律事務所が初回の法律相談を無料で実施しているのも、このモデルです。30分の法律相談を無料としつつ（①）、実際に内容証明を出すとか、裁判を請け負う場合は弁護士費用をいただきます（③）。無料の法律相談の中で、相談者の信頼を勝ち取ることでよいサービスだと思ってもらうのです（②）。

　また、大きく稼いでいる企業のビジネスモデルはプラットフォーム型であることが多いですが、これも①②③で説明がつきます。

　① YouTube など SNS、ソーシャルゲーム、あるいは Amazon プライムなどの映像配信によって一般ユーザーを広く集めます。最初は無料とすることが「来てもらう仕掛け」に当たります。
　②実際に提供するコンテンツを充実させます。YouTuber が世界各地で様々な動画をアップしたり、ゲーム会社がゲームのクオリティを高めたり、Amazon が映画やドラマ、アニメ等を充実させることでユーザーを満足させます（「よいと思ってもらう仕掛け」です）。

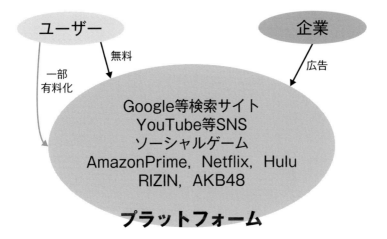

③ YouTube の広告をカットしたいユーザー、ソーシャルゲーム内で
アイテムを購入したいユーザー、映画などを毎月見放題にしたいユーザ
ーに、随時課金していきます。有料プランも当初 6 ケ月は無料とするな
どして、有料プラン登録を促します（「行動してもらう仕掛け」です）。

　プラットフォーム型の場合は、当初の見込み客以外からも、その多数
集まった見込み客に広告を出したい企業からの広告収入も得られます。

　RIZIN や AKB48 などのイベントビジネスも同じです。

　RIZIN は YouTube で事後的に全試合が無料で見られるので、格闘技
に興味の無かった層にまで広くリーチできます（①）。

　勝負論のあるカードを組んだり、スターを育てたり、一本・KO 決着
する試合を促すことで、ファンを魅了します（②）。

　次回は生観戦したいという一部ファンには観戦チケットを販売して、
LIVE 配信で視聴したいというファンには PPV を販売します。同時に、
スポンサー企業から収入を得ます（③）。

　このように、ほぼすべてのビジネスがこのモデルで説明できますので、ご自身でビジネスを作る際には、シンプルに①～③の各過程を検討することで足ります。

　「投資の神様」と言われるウォーレン・バフェット氏は、次のように言います。

　なぜそれに投資するのかについて1本の小論文が書けないのであれば、100株すら買わない方が良い

　要するに、自分が理解できていない投資はしてはいけない、投資対象のビジネスモデルを自分の言葉で説明できないのであれば投資すべきではないということです。

　これは株式投資に関する名言ですが、自らビジネスを立ち上げるときにも当然当てはまります。

　要するに、
　　①このような仕掛けで見込み客を集めて、
　　②このような仕掛けで価値を認めてもらい、
　　③このような仕掛けで実際に買っていただく、
と、お金の稼ぎ方をシンプルに要約できないのであれば、上手くいかないということです。
　要約できないということは、自分の頭の中でまとまっていないことに他ならず、そのようなまとまりのないビジネスモデルでは、お客様に価値が伝わらないばかりか、従業員も何をしたらよいのかわからず、ビジ

ネスの形にすらならないことでしょう。

　儲かるアイデアは、たいていの場合ビジネスモデルがシンプルで、話を聞いた瞬間に「なるほどここで儲けるのね」と理解できます。

　キャッシュフロー・クワドラントの「右上」＝ビジネスオーナーを目指すのであれば、まずはシンプルに自分のビジネスモデルを組み立てることから始めてください。

自分の戦う市場を定義する

　先ほどお話したように、ビジネスの成果は「質×量」で決まります。
　となると、ビジネスで大きく成功しようと思えば、

　　①自分にしかできないことをとびきり上手にやる（質を追求）
　　②誰にでもできることを大量にやる（量を追求）

かのいずれかになります。

　しかし、多くの人はどちらかに振り切れずに中途半端になりがちです。
　飲食店を例に出すと、「ラーメン屋をやります」という人が質にこだわっても、ビジネスという点ではそこまで大きくなりません。どれだけ1杯のラーメンに魂を込めて美味しいものができあがっても、「この人にしか作れないから1杯1億円です」とはならないからです。つまり、質の追求によって上げられる価格には限界があるということです。
　すると、儲けるという目的なのであれば、多店舗展開するしかなくなりますが、意外と数店舗だけ増やして終わりになってしまう人が多いのです。それでは、ビジネスとしては不十分です。もちろん、儲ける以外

の目的があるのならいいのですが、もし儲けたいのであれば、質でいく
か量でいくか、高品質ラーメンでいくのか、低価格ラーメンでいくのか、
そもそもラーメン以外でいくのか、飲食以外でいくのかについて、最初
に戦う市場を定義することが大切です。

この点、①質を高める要素として、以下の3つがポイントです。

　　ア　お客様が儲かる商品・サービスであること
　　イ　自分にしかできないサービスであること
　　ウ　強いブランド力があること

まず、自分の商品・サービスによってお客様が儲かるのであれば（ア）、
お客様はその儲かった中から気持ちよく報酬を支払ってくれるでしょう。
富裕層向けのコンサルティングをやっていると、お客様に数億円の利益
をもたらして、そのうちの3％～10％程度の報酬をいただき、数千万円
の報酬を手にすることもあります。お客様が儲かったということは、単
純に提供したサービスの質が高かったからに他なりません。

堀塾も塾生さんは270名程度いらっしゃいますが、数千人・数万人規
模ではないので、量ではなく、質で勝負している段階です。富裕層であ
る塾生さんにより儲けてもらって、その中からフィーをいただくビジネ
スモデルです。

弁護士や司法書士で過払い金の返還請求をしている事務所もこの部類
に入ります。消費者金融から（利息の）過払い金を取り戻す手続きをし
て、たとえば300万円を回収した場合、その中から2割程度の60万円を
成功報酬でいただくというビジネスモデルです。

1杯1000円のラーメンを売るのではなく、お客様を儲けさせることで、
その儲けの中から報酬をいただく発想を持つことが重要です。

　続いて、自分にしかできないサービスを提供すれば（イ）、ライバル
がいないのですから、単価は高くなります。他の人ができないことをす
るわけですので、質が高いと言えるのです。

　例えば、同じ不動産投資でも、六本木、赤坂、青山などの誰もが欲し
がる好立地に、デザイン性の高いマンションを建築して、相続税の節税
用に欲しがっている富裕層に売却するというスキームは、今でこそ「都
心新築RC」という名で広まっていますが、2015年当時は私以外にプレ
ーヤーは見当たりませんでした。地下を掘ってメゾネットにしたり、最
上階をオーナールームとして内装にデザイナーを入れたり、逆に狭小の
部屋を作って坪単価を上げたりと、まさに自分にしかできないことをと
びきり上手にやってきました。もちろん、その分、多額の利益を出すこ
とができました。

　最後に、強いブランドがあれば、その分、買う側の満足度が高まりま
すので質の高い商品を提供していると言えます（ウ）。

　東南アジアを中心に欧米や中国などで、部屋数を抑えたリゾートを展
開しているラグジュアリーホテルチェーンのアマンリゾーツ。森ビルが
取り組んでいる「虎ノ門・麻布台プロジェクト」のなか、A街区メイ
ンタワー最上階11層にアマンレジデンス東京が誕生します。東京タワー
を俯瞰するアマンレジデンス東京は、竣工時には日本一の高さとなり、
超富裕層だけに密やかに分譲される予定です。驚くべきはその価格です
が、坪単価が3000万円程度の部屋もあるという噂です。仮にその噂が本
当であれば300㎡の部屋が27億円となる計算です（※1）。近隣の新築マ
ンションで、それなりのブランド力のあるものでも、せいぜい坪単価
800万円〜高くても1500万円までかと思います。それを遥かに上回る価
格で買う人がいるというのは、まさに「強いブランド」があるからに他

なりません。

　アマンリゾーツほどのブランドを作れないにしても、ブランドを作ることで単価を上げるというのは大いに参考になるでしょう。

　次に、②量を増やすためには、広告を出したり、店舗を増やしたり、自身のSNSを育てて発信したりと、とにかく販売数を増やすのが基本です。

　この点、②量を増やす方法として、最も優れているのは、自らがプラットフォームとなることです。ビジネスモデルの項でも説明しましたが、圧倒的なコンテンツを提供することで見込み客を大量に集めることができます。

　Google傘下のYouTubeは米国時間2021年9月2日、有料アカウント数が5000万件を超えたことを、ブログに掲載したニュースレターで明らかにしました。これは「YouTube Music Premium」と「YouTube Premium」を合わせたもので、無料トライアル中のユーザーも含まれるとのことです。YouTube Music Premiumの単価は月額9.99ドル（日本では約1140円）、YouTube Premium（※2）の単価は月額11.99ドル（同約1360円）ですので単価は安いですが、「量」が圧倒的ですので、月額約500億円と多額の収益となっています。

　Google社の例はあまりに現実離れしているように見えますが、プラットフォームの原理は全て同じです。役に立つコンテンツを提供して、お客様にそこに来てもらうだけです。

　皆さんがすぐに実行できるものとしては、オンラインサロンの開設でしょう。あなたの提供するコンテンツに価値があって、月額1000円程度

で始めれば、サロン会員が集まるかもしれません。会費は高くなくとも、会員数という「量」が増えれば報酬は大きくなります。ちなみに、国内のオンラインサロンで「量」が多い例としては、西野亮廣エンタメ研究所が月額1000円で5万人程度（月収5000万円程度）、やまもとりゅうけんさんの人生逃げ切りサロンが月額2200円で5000人程度（月収約1000万円）、堀江貴文イノベーション大学校が月額1万円程度で1000人程度（月収約1000万円）です。

その他、フランチャイズも各フランチャイジーに多店舗展開してもらい、「量」を増やす方法です。フランチャイジーから受け取るロイヤリティは、直営でやる場合の収入より低くなりますが、手っ取り早く「量」を増やすには良い方法です。

ところで、質も量も高めることができれば、それが最も儲かるのは当然です。もはや無双状態です。ルイ・ヴィトンなど高級ブランドが世界的に店舗展開しているのは良い例です。堀塾も塾生さんを全国に広げるべく、フランチャイズ展開していくのですが、まさに、質だけではなく量も増やそうという趣旨です。

ちなみに、質と量のどちらを先にレベルアップさせるかですが、質が先で、量が次です。質が伴わないうちに量を増やしてから、後になって高価格路線に変更しても、既に顧客の間で質はそれほどでもないと認知されていますので、なかなか難しいと思います。

※1　実際の販売価格は公表されていません。あくまで筆者の取材による推測です。
※2　YouTube Premiumには、YouTube Music Premiumに加えて、携帯端末上でYouTubeを広告なしでオフライン視聴したりバック

グラウンド再生したりできる特典が含まれているとのこと。

誰が一番高く買ってくれるのかを考える

　お金の流れを読んで、釣りをする場所を選ぶ際には、「飢えている」魚のいる場所を選ぶ必要があります。同じ商品でも、「誰が一番高く買ってくれるのか」ということです。

　以前、朝倉未来くんがフェラーリを購入し、それまで愛用していたベントレーのBENTAYGAを下取りに出そうとしていた際に、アドバイスしたことがありました。フェラーリを購入したお店に下取りに出そうとしていたので、「それじゃ儲からないよ」と助言したのです。

　そもそも下取り制度は、売り主側からすると市場価格（時価）の8割程度か良くて9割程度で売却するものです。買取り業者側は、下取り後に車両を整備したり名義変更手続きをしたり、クリーニング等を施して、広告宣伝費や人件費をかけて市場価格の10割で販売します。下取りに出す売り主は、10のものを8や9で売るわけですから、わらしべ長者と逆のことをしていることに他なりません。

　この時によく考えて欲しいことは、未来くんの車を最も高く買ってくれる人は誰なのか？　という視点です。下取り業者は未来くんのBENTAYGAであろうと、一般人のBENTAYGAであろうと同じ査定となります。しかし、エンドユーザーは違います。熱狂的な朝倉未来ファンで、お金持ちの人であれば、「朝倉未来が愛用していた」BENTAYGAということで、「価格がいくらであっても欲しい」という層は必ずいます。まさに「飢えた」魚です。かくいう私も、海外のコンドミニアムで、「隣の部屋の所有者は石原軍団です」と言われて、「（価格は）高いな」と思いつつも購入したという事もありました。

　BENTAYGA自体はもちろん高級車ではありますが、唯一無二なわ

けではありません。しかし、「RIZIN のスター・朝倉未来の愛車である BENTAYGA」は世界にひとつしかありません。そして、その唯一無二の価値を理解してくれるのは朝倉未来のファンです。ですので、「YouTube で購入者を募集したらもっと高く売れるよ」と伝えたら、彼はすぐに動画を上げていました。実際に、すぐに売れてしまったようです（価格は内緒ですが、下取り価格よりも高く売れたようです）。

　このように、物を売るときには「一番高い価値を感じているのは誰なのか」というのを、常に意識することが大切です。

　また、買い手が価値を感じてくれるような演出も重要になります。未来君は YouTube で日常のことも発信しているので、ファンは未来くんがその BENTAYGA に日々乗っていたことを知っています。ある意味、思い出を共有しているわけです。未来くんのファンなら「あの BENTAYGA」という風にすぐ思い浮かぶでしょうから、ファンアイテムとしては最高だということです。そしてここが重要だったのですが、未来くんは「BENTAYGA を売ります」という動画の中で、BENTAYGA への愛着や思い出、手放す上での思いなんかをしっかりと伝えていました。買ってくれる人に鍵を手渡ししたいという話もしていました。買う方も大きな買い物ですから、朝倉未来がそれほど大切にしていた車ということであれば、満足度も高まるわけです。

　未来くんにこのようなアドバイスをした私ですが、「そういえば私のロールスロイスも高く売れるかもしれない」と思いつきました。「RIZIN の試合のたびに、さいたまスーパーアリーナまで朝倉兄弟を送迎していた車」ということで、数年分の思い出も詰まっています。もしかしたら、数年先にそのような売り出し方をするかもしれません（笑）。

　ところで、このような「最も高く買ってくれる人は誰だ？」という視点は、全てのセールスに当てはまる法則です。セールスの達人は、常にそのような視点を持っています。

　私は不動産のセールスの達人ですが、ある程度まとまった広さの土地に収益物件が建っている場合に、誰に買ってもらうと最も高い札を入れてくれるのか？　ということを考えるようにしています。

　たとえば、

　買い手候補①　収益物件のまま、賃料収入がいくら入ってくるのかを気にする投資家

　買い手候補②　既存物件を解体して、自宅や自社ビルを建てたいという実需層

　買い手候補③　既存物件を解体して、近隣と一体で開発したいデベロッパー

などが挙げられます。買う側の事情から、その不動産に対して感じる価値がまったく異なるのです。もちろん彼らの査定する金額も大きく異なる場合があります。ちなみに、今はデベロッパーに売却するのが最も高く売れることが多いですが、時代によります。

　親族から相続した土地を手にした人が、最初に声をかけてきた業者にすぐに売ってしまうことがあります。多少相場を調べつつも、思った以上に高く買ってもらえそうだと感じて売ってしまうのです。しかし、不動産に関わるプレーヤーは実は何種類かいるので、もしかしたらその土地を２割や３割増しで買いたがる人もいるかもしれません。土地は一点ものなので、ある立場から見た「相場」が絶対ではないのです。

パンを大きくする

ウォーレン・バフェット氏は言います。

凡人は自分の取り分を多くし、賢者はパンそのものを大きくする

ビジネスの構想を考えるときには、「小さな 1 つのパンを奪い合わない」ことを意識しましょう。

パンとはその業界が抱えているお客様のことを指します。顧客の数は限られているので競合他社との奪い合いが生じるわけですが、そもそもその奪い合いに参加している時点で非効率的なのです。それよりも「パンそのものを大きくする」、つまり今までお客様に含まれていなかった層を開拓する方が可能性は大きいと言えます。

朝倉兄弟の YouTube の例がわかりやすいと思います。

普通の格闘家にとっては、大きな収益源は RIZIN などに出場することで得られるファイトマネーです。その収益構造は、格闘技のコアなファンによって支えられています。その中でいくら成功しようと思っても、格闘技ファンという既存のパン以上の額には絶対に増えません。小さいパンである格闘技ファンに全格闘家が群がっているようなイメージです。

しかし、彼らは YouTube を始めて格闘技ファン以外の人々にも自分たちの存在を知らしめていきました。YouTube から彼らを知ったファンは、まさに格闘技界にとってはまったく新たな客層です。つまり彼らは自分のファンを増やしただけではなく、格闘技ファンそのものを大きなパンにしたわけです。それによって収入源も複数化した上に、格闘技のファイトマネー自体も増えていきました。

第1章でもお話したとおり、私がYouTubeを始めたきっかけのひとつが、この彼らの成功です。それが結果的に、私のパンの拡大にも繋がりました。格闘技というジャンルを経由したことで、これまで不動産投資にまったく興味のなかった富裕層の方にもリーチできるようになったのです。私の視聴者さんたちは、私の不動産投資理論に共感してくれて、堀塾にも大勢加入してくれました。

　不動産投資の世界も、パンの奪い合いが起きがちです。投資物件を売る業者にとってのパンは、たとえば不動産投資をしたいと考えているサラリーマンです。サラリーマン投資家を業者みんなで奪い合いながら、ワンルームマンションを売りつけたり土地やアパートを売りつけたりしています。不動産は安い買い物ではないので、投資できるような富裕層も数が限られています。富裕層という「高属性」のお客様を奪い合っているわけです。

　私も堀塾を始めた当初は、この限られたパンの奪い合いに参加していました。富裕層を集めたかったのですが、不動産投資系のポータルサイトに広告を出していたので、リーチできたのはサラリーマン投資家ばかりでした。

　そんなお客様の取り合いに未来はないので、これまで不動産投資にまったく触れてこなかった層になんとかアプローチできないかと、やり方を模索してきました。そこでYouTubeに出会い、先ほど述べたような成功が生まれたのです。

　とはいえ、YouTubeにも同様にパンの大きさの限界があります。私のチャンネルがいきなり何十万にも増えることはあまり期待できないでしょう。従って、並行して別のルートの開拓をしなければなりません。

そこで立ち上げたのが、不動産投資 DOJO（https://fudosandojo.com）というポータルサイトです。

　同サイトは、ユーザーの利用は一切無料で、登録している専門家（弁護士や税理士）に不動産投資に関する相談が可能です。このサイトの認知度が上がり、月間で30万 PV ぐらい取れるようになると、サイト自体がひとつのメディアとしての存在感を持ちます。サイト経由で堀塾の体験セミナーの集客ができるようになるのです。

　これは「ビジネスモデルを決める」冒頭で示したモデルにあてはめると、

　　　①不動産投資に関する専門家への相談が無料でできるので、見込み
　　　　客が集まる
　　　②ユーザーは、専門家の回答やコラムの記事を読むことで、運営主
　　　　体である堀塾をよいと思ってくれる
　　　③堀塾の体験セミナーに参加する
となります。

　パンを大きくするというのは、①の見込み客を従来の層以外に広げることに他なりません。

　また、もうひとつパンを大きくする施策として、当社で不動産投資ファンドを組成する予定です。
　通常、不動産投資を自分ひとりで行おうとすると、自己資金で数百万円、場合によっては数千万円が必要で、借金も数千万円から場合によっては数億円を負うことになりますので、なかなか初心者の方が参入しにくいのが実情です。

　ところが、ファンドを通して１口１万円で不動産に投資できるということであれば、リターンがある程度良いものである場合、気軽に投資できるというのは魅力です。

　小口であれば、まとまった資金のない専業主婦の方や、全くの初心者の方でも投資に参加してもらえるでしょう。

　このように、ファンドを通して新規の顧客を開拓して、パンそのものを大きくしていきます。

顧客の「本当の気持ち」を五感で想像する

　ここまで見てきたように、ビジネスで受け取る報酬は、お客様を喜ばせる質×量の合計でした。ですので、どれだけお客様を喜ばせることができるのかという「喜ばせ合戦」ということになります。

　自分は「いいね！」と思っても、誰もそれを欲していないということはよくあります。自分の感覚とお客様の感覚がずれている場合、それは「裸の王様」状態です。

　例えば、田舎の地主が自分の持っている土地にアパートを建てるケースです。相続税の節税になると思ってハウスメーカーに依頼します。設備や外装にある程度こだわって建築しました。ところが、そもそも人口の問題で賃借人が全くつかなかったという笑い話は、実はよくあります。

　逆に、お客様の欲しいものは「これだ」とお客様自身も思っていたところ、本当に欲しかったのは別のもので、実は「これが欲しかったのでしょう？」とお客様自身が気付かされることもあります。

　たとえば、飲食店に来店したお客様が「温かいお茶をください」と注文した際に、お茶の用意をするだけでなく、「空調の温度を上げましょ

うか？」とか、「膝掛けをご用意しましょうか？」といった気配りができる人材は大変貴重です。お客様は温かいお茶自体を欲しがっているわけではなく、外気で体が冷えてしまったから身体を温めたいと思っているのかもしれない。そうした根本的なニーズを探って提案するというのはビジネスの基本です。

　それゆえ、お客様の求めるもの＝本当の気持ちをいかに理解するかが勝負の分かれ目です。自分の五感を研ぎ澄ませて、お客様の気持ちになって、「本当の気持ち」を想像しましょう。

　ビジネスにおいてお客様の本当の気持ちを理解することができれば、恋愛において意中の相手を口説くことにも応用できます。
　例を挙げてみましょう。

　男性「映画はお好きですか？」
　女性「はい。好きですよ」

　男性「今度、新作の○○が上映するので行きませんか？」
　女性「楽しそうですね」

　男性「○月の前半のご都合はいかがでしょうか？」
　女性「ごめんなさい、少し立て込んでいて」

　このケースでは、そもそも女性はこの男性に興味がありません。1回目の回答「はい。好きですよ」とありますが、女性は本当に映画が好きであるかも不明です。少なくとも、2回目の回答「楽しそうですね」は全く本心ではありません。この時点で男性は相手の本当の気持ちを理解

しないといけないのですが、そのままストレートに誘ってしまって、3回目のやり取りで拒絶されてしまいます。

　相手の女性が自分のことをどう思っているのかは、
　　①恋愛対象として興味を持っている。気になっている。
　　②印象は悪くないが、恋愛対象には入っていない。
　　③相手にしていない。
と大きく3段階に分けることができます。

　上記の映画の誘い方は、相手の女性が①の段階にある場合の方法です。

　もしも女性が②の段階であれば、相手の女性の食の好みや趣味を徹底的に調査してそこに誘うか、あるいは、相手が格闘技ファンであるなら「たまたま友人からRIZINのチケットをもらったので、もしよかったら一緒に行ってくれませんか？」というような誘い方がよいです。
　前者のように、自分の好みの料理を出す店や、どうしても行きたかったイベントに誘われれば、恋愛対象に入っていない男性からの誘いであっても、それに乗る可能性は高くなります。また、後者のように、チケットが「たまたま」手に入ったので、「友達感覚で」一緒に行きましょうという誘いであれば、女性の側の心理的負担も少なく、乗りやすいでしょう。

　もしも女性が③の段階なら、2人だけのデートに乗ってくることはありませんので、友人を数名誘って、皆でワイワイしましょうという誘い方になります。場合によっては女性の好みのタイプの異性を紹介するという方法もあります。もちろんこれは相手をあきらめているのではありません。出会いを提供してくれたことで女性から好印象を得られるかも

しれませんし、その上で「本当にあなたを大切にできるのは自分だ」と、ご自身の研ぎ澄まされたセールストークや一生懸命さ、真摯さで、逆転勝利を狙う戦略なのです。

　このように相手の気持ちを理解して、それによってアプローチの方法を変えていくのがセールスの達人です。

　ビジネスにこれを落とし込むとすると、お客様が自社の商品をどう思っているのかは、

　　①以前から気になっていて、購入を検討している。

　　②興味はあるが、すぐには購入対象に入っていない。

　　③興味がない。知らない。

と、大きく3種類の状態に分けることができます。

　①の状態の顧客に対しては、どのようにアプローチしてもよいでしょう。丁寧に商品の説明をすれば、耳を傾けてくれるでしょう。

　②の状態の顧客に対しては、無料セミナーを開いて、そこに来てもらうのが有効です。無料で有益な情報を提供すると伝えれば、時間が空いていれば来てくれる可能性があります。そこで商品の魅力を十分に伝えることができれば、購入に至ることはあります。

　③の状態の顧客に対しては、時間をかけたアプローチが必要です。相手にしてくれていない女性を誘うのと同じで、自分の商品ではなく、他社の商品でその顧客に有益なものを紹介するところから始めます。自社の利益にはなりませんが、顧客に一方的に「与える」ことが重要です。そこから信頼関係を徐々に築いていき、完全に信頼を勝ち取った後、初

めて自社商品の説明を開始します。

　以上のように、ビジネスの成功にはお客様の本当の気持ちを理解することが不可欠であり、そのためには相手の気持ちを五感で想像すること、そしてお客様の気持ちのステージに応じてアプローチを変えていくことがとても重要です。

図に描いて考える

　私は、ビジネスモデルを考えるときに必ず図を描きます。

　図を使うことの大きなメリットは、自分自身の理解が深まることです。わかっていないことは図にできないので、図に描く過程でしっかり内容を検証できます。「なんとなく」で理解しているビジネスの流れも、一度図解してみると意外と繋がらなかったり、穴が見えたりするのです。

　ですので、「図にできるかどうか」は、自分がそれを本当に理解できているかどうかの重要な基準になります。ビジネス書などを読んでいても、なんとなく言葉で理解した気になってしまうことが多々ありますが、そんなときには「これは図にするとどうなるだろうか」と考える癖をつけてください。図にできないなら、おそらく本当にはわかっていないのです。わかっていなければ、図にできませんし、実際に自分の行動にも応用できません。

　たとえば、ビジネス書に「フロントエンド商品／バックエンド商品」という言葉が出てきたとしましょう。一般的な説明としては、「フロントエンド商品」が「価格の安い集客目的の商品」、「バックエンド商品」が「価格の高い本命商品」になると思います。要するに、フロントエンド商品で広く集客をして、バックエンド商品を買ってもらうことで売上

を増やしていく、という流れになります。そんなに難しい話ではないので、なんとなくわかった感じがします。わかった感じがするからこそ、立ち止まらずに先に進んでしまい、結果的に身につかずに自分では使いこなせないという結果になりがちです。

　一例として、「フロントエンド商品／バックエンド商品」を堀塾とオンラインサロンに当てはめて考えてみましょう。

　まず、フロントエンド商品はオンラインサロンです。月 1 万円で100人なので、せいぜい年間1200万円程度の売上です。これは、堀塾の塾生さんが 2、3 件物件を買ってくれれば、その手数料だけで達成してしまえる売上なので、あまり大きいとは言えません。

　ただ、バックエンド商品である堀塾は、急に人が増えるわけではありません。いわゆる「最初の塊」＝自己資金がある程度必要なので、入っていただける人が限られます。そこで、オンラインサロンで自分のビジネスを磨いてもらって、堀塾に入れるような「最初の塊」を作ってもらうわけです。ビジネスモデルの話だけで言えば、堀塾の見込み客をオンラインサロンで育てているようなイメージです。

　キャッシュフロー・クワドラントで言えば、「左側」から「右側」への移行をオンラインサロンで支援して、そこから「右下」の投資家への移行を堀塾で支援するイメージです。

　文字で説明するとちょっと複雑ですが、これを自分で図に描きながら考えていくと、頭が整理されていきます。たとえばオンラインサロンの位置づけについても、「オンラインサロンはあくまでもフロントエンドだから利益を考えすぎなくていい」、「しかしサロン生が儲からないと堀塾に移行できない」→「サロンの内容は充実させよう」みたいなことをあれこれ決めていけるわけです。「儲からなくていいけど、力は入れる」

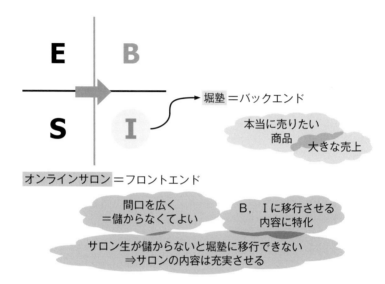

堀塾＝バックエンド

本当に売りたい商品

大きな売上

オンラインサロン＝フロントエンド

間口を広く
＝儲からなくてよい

B，Iに移行させる
内容に特化

サロン生が儲からないと堀塾に移行できない
⇒サロンの内容は充実させる

という結論が導き出せるのです。

　そもそも、オンラインサロンの目的は、キャッシュフロー・クワドラントの左側から右側に移行することであるというのも、図を描いているうちに決まりました。そうするとサロンの内容も、ビジネス経験も投資経験も一切ない左側の職業の人が、右上のビジネスオーナーになるために必要なビジネスのスキルの話と、右下の投資家になるための不動産投資の基礎の話に焦点を絞ることができました。図に描かずに、何となくビジネスと投資の話をするサロンと定義してしまうと、対象者が左側の人ということが定まらず、中途半端に中級者向けの話などをしてしまうことになりかねません。

　また、次の図は、私が堀塾を始める際に我々の戦略を説明するために

作成したものです。

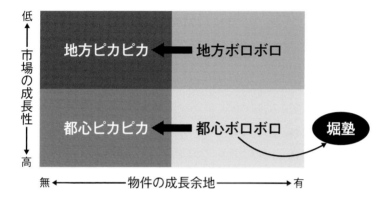

　縦軸は市場の成長性を表していて、上２つのマスが地方や郊外での投資、下２つのマスが都心部での投資、横軸は物件の成長余地を表していて、左２つのマスが新築やリフォーム仕立ての物件（その瞬間はピカピカにきれいな物件であるが、そこが天井で、年数の経過とともに物件価値が下がっていく）、右２つのマスが築年数の古い物件や更地の状態（解体などして、新たに新築すると価値が高まる）となります。

　右上の地方ボロボロで投資するプレーヤーは、主に不動産業者で、買取再販先として左上のサラリーマンや医者・弁護士等に売却します。メガ大家と呼ばれる熟練した不動産投資家も右上です。
　右下の都心ボロボロで投資するプレーヤーは、規模が大きい土地であれば大手デベロッパーが登場しますが、規模の小さい土地は競合が少なく、堀塾はここのポジションです。右下のプレーヤーが開発した都心の新築物件は、左下の都心ピカピカを求める富裕層が、相続対策や実需で高く買っていきます。

　当初、私は、自分の建築した物件を売却するために、「資産家の相続対策」と題するセミナーを開こうとしていました。ところが、このような図を書いているうちに、現在右上の地方ボロボロ狙いで投資している投資家に対して、右下の戦略を紹介し「投資で一緒に儲けませんか？」というメッセージを発信した方がスマートなのではないか、と思うに至りました。そこで、セミナーのターゲットを左下の富裕層ではなく、投資家あるいは投資未経験であるが稼ぎたい人にセットし直して、「一緒に勉強して、一緒に人生を変えよう」という内容にしたところ、多くの方の共感を呼び、塾生さんはどんどん増えていくに至りました。

　セミナーのターゲットどころか、ビジネスモデルすら変わってしまったのですから、図を描くということの効果は計り知れません。

　ちなみに、何を使って何に書くのかというと、私は、不要な紙の裏にシャープペンシルで書いています。ボールペンではなく、シャープペンシルで何度も書いては消してと繰り返して、推敲するのです。書いて消す過程で、思考が深まります。

　ですので、コンサルタントが作るような体裁の整った図解やフレームワークが必要なわけではないということです。あくまでも頭を整理したり、ひらめきを促進したりするために手を動かして書くことが大切なので、パワーポイントできれいな図をつくるという話ではありません。

　また、自分のわかりやすさを突き詰めると、他人にとってもわかりやすくなります。私はYouTube（堀塾ちゃんねる）でも黒板によく図を描きますが、それなりに複雑な話でも視聴者さんにわりと理解してもらえていると思います。

4　資金を作って、必要な人員や設備・備品を準備する

資金調達する

　前項までで、ビジネスの全体像やビジネスモデルを描くヒントを説明しました。次は、実際に魚釣りに出かける準備を整えます。
　ビジネスを始める準備としては、資金、人、時間が必要となります。

　資金については、大きく分けて、①自分で貯める、②借入れする、③出資してもらうという3種類があります。

　①自分で貯めることができれば何の問題もありません。問題は、①自己資金が無い場合に、借金を負うことになる②借入れでいくか、返済義務のない③出資でいくかの選択です。このような言い方をすると、返済義務がないのであれば③出資してもらう方がよいのでは？　と思うかもしれませんが、私は②借入れをお勧めします。

　以下の図をご覧ください。

　必要な資金が1000万円で、自己資金が100万円しかない場合に、900万円を借入れすると、左の貸借対照表になります。資本は100万円となりますが、100％自己資本です。これがポイントです。つまり、会社の所有権は100％あなたのものです。
　他方で、900万円を出資で受け入れると、右の貸借対照表になります。

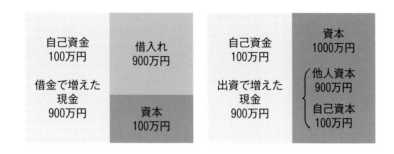

1000万円の資産の全てを資本で賄っていますので、資本が1000万円となりますが、資本の9割は出資してくれた人の持ち分となりますので、あなたは会社の10%株主になります。

　となると、その後、会社がどんどん成長して、資産が1億円となった場合、②借入の場合はあなたの持ち分は9100万円（1億円－900万円）となりますが、③出資の場合、あなたの持ち分は1000万円（1億円×10%）にしかなりません。

　また、そもそも過半数の株式を他人に取られていると、自分の会社ではなくなりますので、いつでも退任を迫られてしまいます。

　これで失敗したのが有名YouTuberでアーティストのDJ社長です。詳しくはYouTube堀塾ちゃんねる「レペゼン地球のDJ社長は戦えるのか？」をご覧ください。

　ですので、今後、自分のビジネスを大きく成長させる自信のある方は、他者からの③出資ではなく、②借入れをしてください。②借入れ先としては、政策金融公庫などで、創業準備のための融資制度がありますので、そこで相談されるとよいでしょう。

　なお、③出資を選択してもよいのは、その出資者と組むことで業務上のシナジーがあったり、その出資者が強力な助言者・助っ人として、会社の企業価値を向上させてくれる人物である場合です。その出資者のおかげで株価が大きく上がるのであれば、自分の持ち分が100％でなくとも、結果として利益を享受できることもあり得ます。とはいえ、自分の会社ですので、最低でも過半数はあなたが保有することを強くお勧めします。

人の力をうまく借りる

「己よりもすぐれたものに働いてもらう方法を知る男、ここに眠る」というのは、鉄鋼王と呼ばれたアメリカの実業家である、故アンドリュー・カーネギー氏が自分のお墓に彫った言葉です。さすが、ビジネスの真理を突いた言葉だと感じました。

　自分にいかに自信があったとしても、「すべての分野で自分が一番優れている」という人はいないと思います。成功者は、直接的にであれ間接的にであれ、必ずほかの優れた人々の力を借りているはずです。この「人の力を借りる」というのをいかにうまくできるかによって、ビジネ

スの拡大がうまくいくかどうかが変わってきます。

　私の不動産ビジネスにおいては、こうした考え方がきわめて重要になります。私自身は土地を見つけて購入することはできますが、実際に設計プランを描いたり、施工をしたりできるわけではありません。信頼できる設計士や建築会社がいなければ、投資は成り立ちません。客付けについても外注しています。私は自分のやり方を「一人デベロッパー」と呼んでいますが、それはあくまでも監督的なポジションをひとりでやるということであって、すべてのプロセスをひとりで完結させられるわけではないのです。むしろ、「ひとり」だからこそ、たくさんの専門家の手を借りてレバレッジを利かせています。

　繰り返しになりますが、ビジネスの報酬は「質×量」です。
　自分ではできない専門分野の仕事について、人の力を借りることで質を上げることができます。私が建築の勉強を一から始めて建物の設計をするよりも、優秀な建築士に依頼した方が質は高いです。
　また、単純作業については自分でもやれますが、人の力を借りることでやれる量は増えますので、報酬は掛け算で一気に増えていきます。

　私がこの考え方を意識するようになったのは、引っ越し屋を立ち上げてしばらく経ったころでした。最初は、チラシを撒いてトラックを運転して物を運んで、という作業を全部ひとりでやろうとしていました。単身世帯の荷物ぐらいならひとりでいけるだろうと思っていたのです。しかし、若くて元気があったとはいえ、結局ひとりで引っ越し作業を完結することはできませんし、そもそもスタッフが多ければ複数の現場をこなせてより多く稼ぐことができるという当たり前のことに気づきました。それから、人を集めて二分隊、三分隊とチームを増やしていったのです。

　ちなみに、これは対お客様でも同じだったりします。

　たとえばサービスを提供するときに、とりわけ日本人はフルサービス
を提供しようとしがちです。ですが、お客様が本当にそれを望んでいる
のか、というのは考えてみてもいいかもしれません。

　ビュッフェ形式のレストランなどがいい例です。あれは、実はお客様
が配膳係を代行する形になっています。一見、食べ放題だから赤字にな
るのではないかと思ってしまいますが、人件費が削れているので成り立
つのです。しかもお客様にとっては、その要素が「自分が食べたいもの
を好きなだけ選んで食べられる」というメリットとして感じられるよう
にデザインされている。とてもよくできているビジネスモデルです。

　他にも、事業家 bot『金儲けのレシピ』（実業之日本社 2020年）という
本に紹介されていた例ですが、IKEA の家具もお客様の力をうまく使っ
ています。IKEA の商品は、買う段階ではすべて材料の状態です。しか
も、お客様が自分で持ち帰らなければいけないのです。持ち帰って自分
で組み立ててやっと「家具」になるわけです。これも、組み立ての人件
費を削減したり、輸送費を抑えたりできることによって、品質の割に安
く提供が可能になるというメリットにつながっています。これは、手頃
な価格でおしゃれな家具が欲しいと考えているお客様のニーズには合っ
ています。

　お客様にとってのコアバリューを見極めた上でそれを満たしつつ、他
の部分については時にお客様の手も借りてしまう。ビジネスを始める準
備としては、資金、人、時間が必要となると申し上げましたが、人の部
分は社員やスタッフ、外注先パートナーのみならず、お客様にもお手伝
いいただく視点を持ちましょう。

　実は、堀塾のフランチャイズ構想も考え方は同じです。当社で直営す

るのは東京のみとし、人は私と社員合わせて15名程度の少数精鋭とします。東京以外の地域にも展開はしたいものの、私自身もよくわかっていない神奈川や大阪の土地についてはなかなか手が回りません。そこで、現地ですでに不動産ビジネスをしている塾生さんに堀塾のノウハウを託して、その土地で堀塾スタイルでビジネスを展開してもらおうと計画しています。

　フランチャイズ展開も、自分がよく知らない不動産業者にお願いするのはリスクがあります。堀塾のシステムやノウハウをよく知っている塾生さんだからこそ、安心して任せられるのです。結果的に、それによって質を担保しながら量を増やしていけます。もちろん塾生さん側も、堀塾の豊富なノウハウを活用しつつ、自分がその地域に対して持っている土地勘や人脈を生かせるのでメリットがあります。

　塾生さんはお客様ですので、お客様の手を借りてスケールアップしていくのです。

　デキる会社は省エネです。

　自社で1から10までやろうとはしません。堀塾が土地を自ら買って、建物を建てて、売却するという単なるデベロッパーであるとすると、数ある「不動産業者」の中の1社となりますし、自社で建築できる数には限界が来ますので、会社の成長性は低いと言わざるを得ません。

　他方で、堀塾が今のビジネスモデルのように、自社ではなく、お客様である塾生さんに建築してもらい、支店展開も塾生さんに行っていただき、情報とノウハウ、システムを提供する対価としてフィーをいただくという場合、驚異的な利益率となります。また、このようなビジネスモデルであれば、我々は「不動産業者」ではなく、人も抱えず、借金も抱えない「プラットフォーム」として、企業価値を高く評価していただくことにもつながります。

価値ある仕事に集中する

　ビジネスを始める準備として、最後に、時間についてお話しします。
実際に情熱をもって行動に出るためには、時間の確保が必要です。

　スティーブン・コヴィーの『7つの習慣』に登場する有名なマトリックスがあります。物事を「緊急度」と「重要度」の組み合わせによる四つのカテゴリに分類したものです。

	緊急	緊急でない
重要	**第1領域** 締切りのある仕事	**第2領域** 勉強，自己啓発 今後の事業計画 家族との時間
重要でない	**第3領域** 急な電話 ムダな会議 ムダな付き合い	**第4領域** SNS 雑用 ゲーム 長電話

　このうち、「重要かつ緊急」（第1領域）はとにかくすぐにやるだけなのでシンプルです。「重要でも緊急でもない」もの（第4領域）については、そもそもやる必要がないのでこれまたシンプルです。

　厄介なのは、「重要ではないが緊急」なもの（第3領域）、つまり価値を生まないのにすぐに対応しなければならないものです。これに対応していると時間ばかりが奪われてしまうので、なんとか減らしていく必要

があります。

　反対に、「緊急ではないが重要」なもの（第2領域）、つまりすぐにやらなくてもいいけれど、未来を切り開いたり価値を生み出したりするために必要なものは、実は非常に重要です。これは個人レベルでいうと、たとえば朝早起きして、本を読んで、これからの人生設計をゆっくり考えるとか、そういう時間です。目の前の仕事に直接関わらないので後回しにしがちですが、これは意識しないと永久に後回しになります。

　この時間を捻出するために、「重要ではないが緊急」（第3領域）の対応にとられている時間を減らそうという話です。以下の格言を覚えておいてください。

　より価値の高い重要な仕事をどんどんこなし、より価値の低い重要でない仕事は、他人に任せるか、アウトソーシングするか、止めてしまうことである

　ですので、家事については家事代行サービスを利用したり、レストランの予約などについては、クレジットカード会社のコンシェルジュサービスを利用するなどして、価値の低い重要でない仕事は外注していきましょう。

　より価値の低い重要でない仕事の最たるものが電話です。電話のよくないところはタイミングを選べないところです。メールであれば後から見ることもできますが、電話はかかってきたタイミングでとる必要があります。もちろん大事な電話もありますが、むしろだからこそかかってくると無視できないのが厄介です。

　あとはご近所づきあいや友人との食事なんかもそうかもしれません。

予定を押さえられてしまうと、どうしても緊急性が生まれます。その日にどれだけ作業の調子がよくても、集合時間が来てしまえば切り上げざるを得なくなります。もちろん交流も必要ですが、「本当に必要か？」とつねに考えることが大切です。考えた上で、やっぱり会った方がいいと思ったら会いに行けばいいのです。

　ちなみに、電話についての話を一度 YouTube でしたところ、炎上したことがあります。「電話ぐらい取れよ」みたいなことをたくさん言われたのですが、それは裏返せば、それだけ多くの人が電話を重要なものだと思っているということです。よほど意識しないと、どんどん自分の時間やタイミングが奪われていきます。

　同僚との飲み会なども、「そこから新しい発見があるかもしれない」と言うことは一応できます。ただ、それを言い出したらきりがない。可能性はゼロではないけど、たいていの場合は重要じゃないよね、とわかっている場合は、心を鬼にして断るべきでしょう。

　気軽に電話をしたり、だらだら飲みに行っていると、より価値の高い重要なことをする時間が確保できません。断言します。「いい人」は成功できません。

　以上で、ビジネスに必要な準備として、お金、人、時間がそろったことになります。次項以下では、まずは行動するというお話をしていきます。

5 まずは行動する

仮説を検証する場所を持つ

　ビジネスに必要なお金、人、時間がそろったら、まずは行動することが重要です。頭でっかちになって、「完璧な」ビジネスモデルが完成するまで行動しないという人がいますが、「完璧な」ビジネスモデルなどというのは永久に完成しません。

　そこで、とりあえずやってみるのですが、たとえばクワドラント左上のサラリーマンの方が起業して商品を開発しようというときに、根拠なしに予算を投じることはできません。「こうすれば売れるだろう」というのは結局のところ仮説でしかないので、それを実際に検証する必要があります。

　大企業であれば、テストマーケティングに予算を割いてから市場に投じたり、市場調査の会社にマーケティングを依頼したりといった手段をとることもできるでしょう。しかし、一個人や中小企業はそこまでお金をかけられません。ではどうするかというと、仮説をテストできる場やコミュニティを持っておくことが大切になります。

　私の場合はSNSやYouTube、オンラインサロンを活用して仮説を検証しています。たとえば、「こういうことを始めます」というのをすぐにツイートすると、4万人フォロワーがいますのですぐに「それはいいね」とか「それはダメそう」みたいなコメントがたくさん集まります。YouTubeのコメント欄も同様です。

　一例をあげると、私がオンラインサロンを開設する際に価格をいくら
に設定するのかを迷ったのですが、実はこれも Twitter で検証していま
す。「サロンを100人限定で月額 1 万円でやります」とツイートしたとき
に、「入りたい！」という声が多かったのです。それで、この価格は間
違っていないんだなと感覚的に分かりました。逆にもし反応が薄かった
り、「入りたいけど高いので見送ります」という声が多かったりしたら、
すぐに価格を見直していたと思います。

　実際に反応を見て止めた例もあります。以前、私が持っている六本木
の貸しビルに空き部屋が出たことがありました。何かに使えないかなと
思って、パーソナルトレーナーの方に時間貸しするアイデアを思いつき、
すぐにツイートしてみました。
　その部屋の家賃は普通に貸すと月50万円ですが、曜日貸しで月曜日だ
け使う人は月額10万円（月に 4 ～ 5 日の利用）というように、火曜日～
金曜日まで同じ金額で、土日は各15万円として、 7 人の方に合計で月額
80万円という価格設定を考えました。もし埋まったら、売り上げは160
％になります。これが成り立つと思った経緯として、パーソナルトレー
ナーの方は時間貸しの部屋を借りることがあるのですが、六本木の同じ

ような広さ、同じような設備、備品の部屋で1時間5000円くらいで貸し出されていることから計算したのです。トレーナー目線では、1日5時間の予約を取れば、5000円×5時間×4日＝月額10万円の賃料の損益分岐点に達すると思ったのです。

ところが、このツイートに対する反応は冷ややかでした。パーソナルトレーナーの方からも、10万は高いですねと連絡があったりして、結局貸すのは諦めようということになりました。

YouTubeのコメントも大衆心理を理解するために有益です。私自身も、どれだけ忙しくてもコメントは全部見ています。トライフォース赤坂に金網ジムを作ったきっかけも、YouTubeのコメントからです。トライフォース溜池山王時代に、朝倉兄弟は狭くて窓ガラスもあって危ない中でスパーリングをやっていて、それに対して「こんな場所で世界を目指すのは無理があるんじゃないの」というコメントをいただくことがありました。言い方はちょっと失礼に感じるかもしれませんが、言っていることはその通りだと感じたので、すぐに金網ジムをつくろうと動き始めました。

検証といっても大げさなことではなく、コメントを見るぐらいのことでいいのです。SNSのフォロワーが多くなければ、仕事仲間や友人に聞くのでも構いません。いきなり始める前に、まずは簡単に反応を確かめてから実際に着手しましょうということです。ビジネスは基本スモールスタートがいいと思いますが、それでも的外れなことをやるとロスが大きいので、スモールスタートの反応を確かめるという意味では「スモールスモールスタート」です。

話を聞く相手は誰でもいいですが、親兄弟や恋人のようなあまりに身近な相手はやめたほうがいいと思います。自分のことを大事に思ってく

れている人は、それゆえきわめて保守的になる傾向があります。何をやるにしても「やめたほうがいいよ」と言ってしまいがちです。私のお勧めは、オンラインサロンに参加することです。自分と価値観の近い人が集まるサロンに参加してみて、そこで自分のビジネスを発表してもよいですし、単にサロン仲間に聞いて反応を得るということでも仮説の検証は可能です。

　ちなみにSNSで反応を確かめる場合、フォロワーの質も重要です。普段から炎上商法でフォロワーを集めたりしている人は、フォロワーの質も低くなるので、仮説を検証しようとしてもまともなフィードバックが得られません。無理に増やそうとせずに、自分の価値観を共有してくれる人を集めていくべきです。そのためには、フォロワーさんの為になるような情報を発信するなど、普段からの行動が大切になります。過激なことをして数を集めようとすると、いいフォロワーも逃げていってしまいます。SNSとはいえど対人だと思ってしっかり取り組む。それによって得られる良質な仮説検証の場は、その労力に見合う価値があります。

ビジネスの流れを数字で分析する

　金持ちになりたければ、それだけ数字に厳しくならなければならない。起業家にとっては数字がすべてだ

　ロバート・キヨサキは『金持ち父さん貧乏父さん』（筑摩書房刊）のなかで、上記のように言います。

　ビジネスに必要な準備を整えて、仮説を検証して、まずは行動した後は、その行動の結果を数値で分析する必要があります。数字の分析をせ

ずに、ビジネスの成功はありません。

たとえば、私は以前、堀塾の体験セミナーの集客のために不動産ポータルサイトに広告を出していました。たしか当時はそのサイトに7万人ぐらいのユーザーがいて、彼らに広告を出すのに1回のメルマガ広告で80万円ぐらい使っていました。ひとりに堀塾のメルマガを配信するのに約11.4円の計算です。それでどれだけ申し込みがあるかというと、だいたい20人程度でした。

すると、申し込み1件あたりの単価が4万円程度ということになります。セミナー自体の参加費が1万円だったのでその分を引くと、だいたい顧客獲得単価が3万円です。

セミナーに参加したあとに入塾する方の割合はだいたい3人に1人ぐらいでしたので、塾生1人の獲得コストに9万円はかかっていたということになります（堀塾の塾生さんの会費収入単価は1人あたり約150万円ですので、広告費が売上の6％になります）。

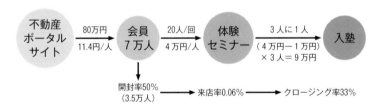

ビジネスの流れを数字で分析する実例として、まずは、この顧客獲得単価をどれだけ下げることができるかの検証をしてみます。

上記流れの中で、会員7万人のうち、実際にメルマガを開封する人の割合を50％と仮定すると（この開封率はポータルサイト側に聞けば教えて

もらえます）、メルマガを開封した3.5万人のうちの20人がセミナーに来ていますので、来店率0.06％となります。セミナーに来た人は 3 人に 1 人が入塾しているのであれば、クロージング率は33％となります。

　このすべての数字を向上させるために、何をすべきかを検討するのが重要です。

　開封率を上げるためには、メルマガのリード文章（タイトル）をクリックしたくなる文言に変更したり、配信する時間や曜日をテストしていくべきでしょう。

　来店率は、参加費 1 万円を取っているので、そこまで向上することはありませんが、メルマガの本文の内容を充実させることで上がってくるはずです。次項の「ストーリーで語る」話を参考に、このセミナーに参加すると、参加する方は望む未来を得られるという期待を持たせる内容のライティングが必要でしょう。

　クロージング率については、セミナー当日の講義内容を色々と試しながらやっていくのが基本ですが、個別面談を実施することで入塾検討者の不安要素を払しょくし、クロージング率を高めるということもやっています。

　また、そもそも広告の媒体を変えてみたり、LP の内容も定期的に変えてみることでテストを繰り返すことが重要です。

　その後、結局 YouTube で無料で集客できるようになったのですが、その場合でも、どのような動画を作りこんで、どのような言葉でセミナーを案内すると、セミナー申込み率が高いのかなどは検証しています。

　以上は集客に関する数字の分析でしたが、ビジネス全体を通して数字の分析は不可欠です。

　・自己資本比率（総資本に占める自己資本の割合）が安全な水準か検証

する。

・ROE（Return On Equity、自己資本利益率）を出して、自己資本がどれだけ効率よく利益を出しているかを分析する。

・「店舗の面積当たりの売上」や「従業員1人当たりの売上」を同業他社と比較する。

・売上げに対する各経費率を出してみて、同じ業界の水準と比べて高い場合は理由を分析して、経費削減に動く。

・CF（キャッシュフロー）を把握して、黒字倒産しないように注視する。

など、多岐にわたります。

　ビジネス全般にわたる数字の分析についての解説は専門書に譲りますが、集客の数字分析はコストに直結しますので、上記を参考に検証してみてください。

6　ビジネスのスキルを磨く

商品・サービスの「ストーリー」を語る

　まずは行動して、ある程度ビジネスが軌道に乗ってきたら、ビジネスのスキルを磨いていきましょう。同じ商品・サービスでも、売り方＝スキルによって成果は変わります。

　『ストーリーとしての競争戦略』（東洋経済新報社刊）を著した一橋大学大学院国際企業戦略研究科・楠木建教授は、同書で以下のように述べています。

優れた戦略とは思わず人に話したくなるような面白いストーリーだ

SNSなどを活用して商品やサービスに対する共感を集め、ファンをつくっていくストーリーマーケティングは、新しいマーケティング手法として多くの企業で採用され始めています。

ストーリーマーケティングとは、商品やサービス、企業のストーリーを通してユーザーにメッセージを届け、共感してもらい、ユーザーの行動を促すマーケティング手法です。

人に思わず話したくなるような面白いストーリーを語ることができれば、あとは顧客が勝手に購入して、勝手に広めてくれるので、究極的には販売が不要になります。

極論すれば、人の心に刺さるストーリーを描いたLP（ランディングページ）を作成して、商品のカートボタンを置いておけば、後は顧客が勝手に購入するということもあり得ます。それほど、ストーリーは強力なビジネススキルなのです。

では、実際に、どのようにストーリーを組み立てていけばよいでしょうか。

まず、誰にでもわかりやすいシナリオであることが必須です。ストーリーを作る上で、見て・聞いてすぐに分かるようなシナリオにすることによって、多くの人の共感を生み、SNS等で拡散されやすくなるのです。

また、当初より成功しているのではなく、昔の辛かった時代や、そこから脱出したきっかけがあったという人生逆転ストーリーであることも、共感を得るためには重要です。

そうすると、以下のような流れが優れたストーリーになると思います。

人生逆転型ストーリー
　①今は成功している私ですが、昔はあなたと同じ境遇でした。
　　　　　　↓
　②このような失敗や辛いこともありました。
　　　　　　↓
　③こうした困難は、○○と出会うことで、転機を迎えました。
　　　　　　↓
　④○○のおかげで奇跡の大逆転を収めることができました。
　　　　　　↓
　⑤底辺だった自分でも成功できたのだから、あなたも必ず成功できる
　　でしょう。

　基本的にはこの○○が売りたい商品になりますが、別に○○は商品で
なくても構いません。○○は外部の要因にして（最高の友人とか、最愛の
パートナー、あるいは格闘技や海外旅行、1冊の本でもよいでしょう）、自社
の商品・サービスは一切出さずに、人柄に共感してもらうことにフォー
カスするストーリーでも良いです。底辺→逆転のストーリーが面白けれ
ば面白いだけ、共感が得られ、商品が売れやすくなるはずです。

　私の半生を描いた漫画を作成したのですが、それはまさに上記①〜⑤
のシナリオ通りとなっていますので、ぜひ、ご確認ください。カバー袖
にQRコードを載せておきます。

　もうひとつ優れたストーリーのパターンを紹介します。

　某保険会社のCMです。創業者の兄弟のストーリーを伝えているのですが、大切な人への想いを語ることで共感を得て、思わず人が応援してしまうようなストーリーです。

応援型ストーリー
　①自分たちの父親が癌になった。
　②大切な家族が癌になった時、できる限りの事をしてあげたいと思った。
　③ところが当時、癌は不治の病とされていた時代で、したがって癌保険もなく、我々は経済的にとても苦しい思いをした。
　④そんな自分たちの辛い経験を経て、癌による経済的な負担からたくさんの人を救いたいと、世界初となる癌に特化した保険を始めた。

　このストーリーによって、「そうか、彼らは癌で苦しんだんだね。だからこういう保険を考え出したんだね。大切な家族が癌になったら、お金をかけてでも治療してあげたいよね。」というように、共感を生み出すことができます。
　これによって、商品・サービスだけでは語れない、その会社の想いや理念などを伝えることができ、会社のファンを作ることもできるわけです。
「この会社のこういう姿勢が好きだから買う」と、人から応援されると、商品は飛ぶように売れるようになります。

アンカーを打ち、正しい価値を伝える

　続いて価格設定におけるビジネススキルとして、アンカリングという技術をご紹介します。

　比較的高めの商品を売るときに大切なのは、お客様の価格認識を修正することです。この際に有効な手段が、心理学で言うアンカリング効果です。アンカーというのは錨のことで、船が流れていかないように打ち込むおもりです。単に「3000円です」と伝えるのと、「定価6000円のところを、半額で3000円です」と伝えるのとでは、割安感が変わってくるという認知バイアス（歪み）を利用したテクニックがアンカリング効果です。

「認知バイアスを利用する」というとなんだか騙しているようですが、どちらかというと高額な商品を売る際に、割安で低品質なものと比較されて割高だと誤解されてしまうのを防ぐために活用したいテクニックです。

　たとえば、私の主催するオンラインサロンは会費が月に1万円です。一般的なオンラインサロンの中では高いので、割高だと思われてしまう可能性があります。

　しかし、そもそもこのオンラインサロンは、年間200万円コースの堀塾のいわばプレスクールとして位置づけられているわけです。本来年間200万円のフルコースがあるサービスに、お試しとして月1万円で入会できるのだと考えれば、ぐっとお得に感じられます。堀塾本体の年会費200万円をアンカーとして打ち込んでいるのです。

　少なくとも最初から「オンラインサロン1万円です」とだけ言うのとでは印象がまったく変わってくると思います。高い商品を売るときほど、お客様に本当の価値をわかってもらえるような工夫をするべきでしょう。

　また、私の手がけているアパレル事業でも、同じようなことが言えます。

　Tシャツを1着1万円程度で売っているのですが、この価格だけを聞

いたら「高い」と感じる人もいるかと思います。量販店で買えば1着1000円程度で購入できるので、なんとなく「Tシャツ」と聞いたらそのあたりの価格帯にアンカリングされているわけです。

　ただ、私は個人的に「ドルチェ＆ガッバーナ」や「モンクレール」といったハイブランドが好きで着ているのですが、そうしたハイブランドのTシャツだと1着数万円というのは普通の金額です。ブランド力があるので高いというのもありますが、品物としても上質なものです。自分が着るならそのぐらいのクオリティが欲しいなと思い、同じような生地やデザインにして、かつ多くの人によいものを着てもらいたい一心で価格を1万円で提供できるように調整しているのです。中国産や東南アジア産ではなく、工場を日本国内に持ち、工場の方と何度も打ち合わせをして、ディテールに相当程度のこだわりを持ってメイドインジャパンで製作しています。

　このように聞くと、1万円でも決して割高には感じないのではないでしょうか。

　このケースでは、ハイブランドの数万円のTシャツがアンカーになるわけです。それと同程度のクオリティの生地で1万円だったら、もともとそうしたTシャツを好んで買っていた人にとってはむしろ安いとなります。そのクラスのTシャツに憧れていた人にとっても、チャレンジしやすい価格帯になっています。このように、自分の商品の価値を正しく認識してもらうために、適切な比較対象を示していこうというのが、アンカリング効果の肝です。

　私のアパレル商品に興味を持たれた方は、是非下記サイトにアクセスしてみてください。

　HORIJUKU PLUS（https://horijukuplus.base.ec/）

7 システムを作る

売れる「仕組み」を作る

本章の冒頭で、ビジネスとは、「自分がいなくても収入を生み出せるシステムのこと」であると定義しました。自分自身がボトルネックとならないように手を放すことの重要性も述べました。

本項では、それに加えて、魚の方からこちらにやってきて自動的に釣れてしまうシステムの作り方について解説します。

マーケティングとは、究極的には販売を不要とすることだ

これはピーター・ドラッカーの言葉ですが、要するに「売れる仕組みをつくれば物は勝手に売れる」ということです。卓越したセールスマンは一切セールスをしません。お客様のほうから「売ってくれ」と列をなしてくるような状態をいかに作れるか。

これは要するに、自分発で人や物が流れてくる仕組みを作ることです。身近な事例をご紹介しましょう。

朝倉海くんの YouTube「KAI チャンネル」にて、メンバーの斎藤くんが彼女を募集する動画がアップされていました。

斎藤くんと言えば、見た目も中身もぱっとせず、KAI チャンネルに加入するまでは職業もパチプロでほぼ無職、当初より「冴えない」男という印象を与えてきました。女性にモテるタイプでは決してありません。

ところが、その動画の中では、その斎藤君が何と審査員のようにテーブルの真ん中に座って、彼女募集に応募してきた女性たちが列をなし、1人ずつ斎藤くんの審査を受ける光景が流されていたのです。

　これはイノベーション（革新的なモノ・コト・仕組みなどによって、これまでの常識が一変するような新たな価値を創造すること）です。

　彼女を作ろうとする際のこれまでの常識的な方法は、友達の紹介で何名かで飲みに行き、飲み会の合間に仕事の内容や住んでいる場所、趣味などを聞き出して、最後に連絡先を聞いて、あわよくば次回のアポを取るという流れです。実際にはそこまでスムーズにいかずに、そもそも女性がこちらの質問に答えてくれる保証もありませんし、こちらを気に入ってくれるかどうかも定かではありません。

　ところが斎藤くんは、YouTube というマスに向けた媒体によって、世の中に存在する稀有な斎藤くんファンを炙り出し、列に並ばせたのです。仕事の内容や住んでいる場所、趣味などは予めプロフィールとして提出させているので、あらためて聞く必要もありません。女性が斎藤くんを気に入っているので、斎藤くんの方から気に入ってもらうようにトークを頑張るような必要もありません。あとは、顧客を選ぶだけです。

　これはビジネスに大いに参考になります。
　自分たちの商品・サービスを必要とする見込み客は必ずどこかにいます。しかし、それがどこにどれだけいるのか分からないので、一般的な企業は無駄なセールスを仕掛けるのです。
　たとえばワンルームマンション販売のセールスマンです。名簿リストにひたすら電話をかけまくって、ほぼすべての人に嫌がられて、電話を

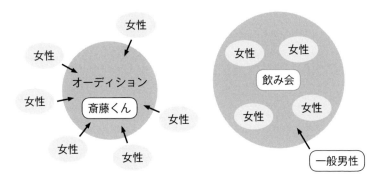

ガチャ切りなどされながら、「100人に1人に話を聞いてもらえればよい」というスタンスでセールスしていくのです。このように歓迎されていない商品を、歓迎しない人に向けて販売しても、疲弊するだけです。セールスマン本人も、「自分はこういう仕事をやるために生まれてきたのか？」と人生の迷子になってしまい、すぐに辞めてしまう人も多いです。保険のセールスマンにもこのタイプは多いです。

　そうではなく、斎藤くんが斎藤くんを好きな女性を炙り出して、列に並ばせたように、自社商品・サービスを欲する人に自主的に「売ってください」と言わせるのがマーケティングの神髄です。

　ポイントは、自社の商品に興味ある見込み客を炙り出すことですので、具体的な方法としては、YouTube や Twitter、Instagram 等の SNS で自己紹介や自社商品の紹介をするだけで充分です。斎藤くんも KAI チャンネルで、自分の人柄を長きにわたってさらけ出していたので、その人柄をよいと思った女性が応募してくれたのです。

　自己紹介で良いと思ってもらうためには、前に解説した「ストーリーで語る」を参考にしていただければと思います。斎藤くんのストーリーは、冴えない男が上京して、朝倉海というスーパースターに出会って人

生を変えていく人生逆転型です。

　自己紹介で見込み客に良いと思ってもらったら、向こうからオファーしてもらう必要があるのですが、ここですぐに売ってはいけません。簡単に手に入るものであれば、顧客は冷めてしまうものです。斎藤くんも、複数の女性を選考に残して、審査という形を取ったことで、「簡単には手に入らない」＝「価値の高い男」という印象を与えることに成功しました。

　ですので、堀塾で言えば、いきなり不動産を売ることはなく、まずは体験セミナーに来てもらうようにしています。不動産関連のセミナーは通常無料ですが、堀塾のセミナーは1万円をいただくことで、簡単には手に入れられないようにしています。セミナーに来た後にも、必ずしも全員が入塾できるわけではなく、私の面談審査を経て入塾のふるいにかけられます。入塾できた後も、まずは勉強してもらいますので、すぐに物件を買ってもらうことはしません。

　このようにして、堀塾では、「土地を売って欲しい」という塾生さんが、年間200万円の受講料を手にしながら、列をなして待っている状態を作り出しました。現在の塾生さんは270名ですが、その人数の顧客が物件の紹介待ちという状況は、他の不動産会社からしたら驚き以外の何物でもないでしょう。
　最高のセールスマンは、お金を貰いながら営業します。

　他方で、世の中のどこかにいるはずの見込み客がなかなか見つからないという人もいるかもしれません。それは、本当の見込み客にあなたの商品・サービスのよさが伝わっていないだけです。ときには、顧客に「よい」と思ってもらえるようにアピールすることも必要です。

　顧客がその商品をよいと思って、購入に至る意思決定をするためには、以下の2点が絶対に必要です。

　①その商品・サービスによって、自分が成功するイメージ

　②そこに再現性があって、ハードルが低いこと

　ですので、お客様の人生がこの商品・サービスによってどう変わるのか？　について、成功のイメージが描けるように話し、相手の感情に訴えかけることが必要です。

　この点、大手通販会社「ジャパネットたかた」の売り方は秀逸です。お年寄り向けに「ガラケー（携帯）からスマホに乗り換えキャンペーン」というのをやっているのですが、以下のように、①スマホによって顧客の望む未来が得られるイメージを抱かせて、②面倒な手続きが一切不要であるとして、再現性があり、スマホ購入のハードルが低いことをアピールしています。

　①その商品・サービスによって、自分が成功するイメージ

　・今後5Gの世界であれば大容量の動画をストレスなくダウンロード可能です

　・VR観賞をストレスなく楽しめます

　②そこに再現性があって、ハードルが低いこと

　・専門スタッフが自宅に訪問してスマートフォンの回線契約手続きを行う

　私がYouTubeで不動産の話をするときには、私の投資手法によって投資をすると、従来のようなパッケージ商品を買う投資と比べて、買った瞬間に大きな含み益が得られる投資となりますと、具体的な数値も出して説明して、「人生を変えましょう」と感情に訴えるようにしています。もちろん、金融機関からの融資や新築ノウハウの勉強も必要ですが、塾で一緒にやりましょうとハードルを下げています。

　それだけです。「体験セミナーに来てください。今がチャンスですよ。セミナーに来てくれたらQUOカードプレゼントしますよ！」などという売り込みは一切しません。

　セールスの達人になりたければ、上記①②の要素を踏まえて、なるべく多くの人に向けて発信し、あとは顧客の方からやって来るのを待つだけです。発信する際に自身のフォロワーが少なければ、他の人に拡散してもらえるような内容にする工夫も必要です。もしくは直接的に広告を流しても良いでしょう。いずれにせよ、内容が①②を含んでいなければ、多くの人に見られていたとしても顧客から良いと思ってもらうことはできません。

　さて、以下では、私が仕組みを作ることができた事例をさらに追加で2つご紹介します。皆さんのビジネスの仕組み作りの参考になると思います。

　私は甘いものに目が無いのですが、私のTwitterで「＃闘う弁護士のスイーツ巡り」として、これぞと思ったスイーツを紹介しています。

　そうしたところ、あるとき、私の会社にお饅頭やヨックモックなどのスイーツが届くようになりました。Twitterのフォロワーさんや、

YouTube の視聴者さんが送ってくださるのです。なぜ送ってくださるかというと、単純に私のファンだという方もいらっしゃいますが、私がTwitter でそれを紹介するからだと思います。

・自分が贈ったスイーツが影響力のある SNS で取り上げられると嬉しい
・ご自身や近しい人のお店の商品であれば、宣伝にもなる

という心理があるかもしれません。

ですので、いただいた商品について、私がよいと思ったものについては、なるべく丁寧に紹介するようにしています。

そうすると、さらに皆さんからお菓子を送ってもらえるという循環が生まれたのです！

この「スイーツが贈られてくる仕組み作り」で手に入るのはあくまでもスイーツですが、きっとビジネスの参考になることだと思います。

もうひとつ紹介します。

私は、「堀鉄平ビジネススクール」というオンラインサロンをやっていますが、そこではサロン生の人生を変えるべく、ビジネスのアドバイスをしています。

あるとき、「ビジネスコンテスト」として、サロン生に起業のアイデアを企画にしてもらい、他のサロン生と私の前で発表してもらう機会を設けました。優秀なプレゼンに対しては、私が出資するのも可能だとお伝えしております。

今現在はまだ実際に出資に至るケースはありませんが、随時、プレゼンを受け付けています。この構図は私にとってもメリットが大きいです。

世の中にはエンジェル投資家と言って、創業間もない企業に対し資金

を供給する富裕層がいますが、彼らは優良な投資先を日々探しています。普通にしていても、なかなか優良なスタートアップには出会いませんので、最近では、起業したい人とエンジェル投資家をつなぐマッチングビジネスも存在していて、投資家はお金を支払って起業家と出会うことすらしています。

　ところが、私の場合、オンラインサロンに優秀な起業家が勝手に集まってきます。私は審査員として座っていれば、起業家の方から列をなしてプレゼンしてくれるのです。私は自分が「これだ！」と思う起業家に資金を提供して、経営のアドバイスをしながら、自分の出資した株の持ち分の価値を自分で高めます。

　自分発で、スイーツやビジネスのネタが集まる仕組みを作りましょう。それができれば、お客様がやってくる仕組み、お金が流れてくる仕組みを作ることも簡単です。

８　常に新陳代謝せよ

　ボストンコンサルティンググループというコンサルティング会社が提唱している戦略に、プロダクト・ポートフォリオ・マネジメント（PPM）戦略というものがあります。
　これもクワドラントになっていて、縦軸が市場の成長性、そして横軸がシェアの割合になっています。この４つの状態が、それぞれ「花形」、「問題児」、「金のなる木」、「負け犬」と名付けられています。

　プロダクト（商品）はまず、「市場（ニーズ）はあるけど、シェアが低い」状態、つまり「問題児」からスタートします（①）。そもそも市場

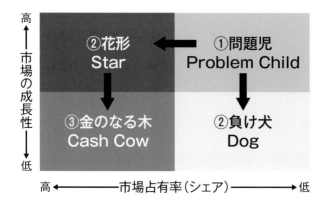

高 ← ――――市場占有率（シェア）―――― → 低

の成長しない商品を選んではいけませんので（魚のいない場所）、縦軸の上の段で開始しますが、最初はシェアが取れていないはずなので、横軸の右の欄で、すなわち右上の「問題児」スタートというわけです。

　その後は、当然、業界でシェアを高める努力をしていくことになります。ビジネスの収入＝質×量でしたので、量の部分を伸ばします。ここでは、広告宣伝費や設備投資、人材に対する相応の投資が必要でしょう。業界でのシェアが高くなってくると、「花形」として売り上げが劇的に増えていきます（②）。

　②の段階では、売り上げは上がるものの、シェアを拡大・維持するための投資も必要ですので、利益自体は大きくないかもしれません。ところが、その後、ビジネスは次第に成熟していきます。新しい商品に取って代わられて、既存の商品が市場から消えていくのは運命です。ですが、逆に言えば、市場が衰退していく過程においては、新たな投資が必要では無くなりますので、この段階でシェアの高い花形事業は高い売上にもかかわらず経費がかからない「金のなる木」へ移行していきます（③）。そうなるともはや利益だけが積み上がっていく一番良い状態となります。

　とはいえ、「金のなる木」は次の商品に取って代わられるまでのボー

ナスステージですので、次の商品を考案して、再度、「問題児」からスタートしてということを始める必要があるのです。これを私は「ビジネスの新陳代謝をせよ」と言っています。

　最悪なのは、最初に「問題児」からスタートして、投資を続けたもののシェアを取れなかったパターンです。すると、市場の成熟や衰退に合わせて「負け犬」になってしまいます。「負け犬」となった事業は、先行投資で損が拡大する中、売り上げは上がっていかない最悪の状態ですので、早々に撤退して損切りする判断が必要です。

　この戦略のメッセージはシンプルです。

・ビジネスは必ず成長する市場で行わなければならない
・シェアを取るための投資を惜しんではいけない
・花形はいずれ「金のなる木」に（市場は必ず新陳代謝を繰り返す）なるので、その間に「問題児」を新たに作る

　儲かりそうなビジネスも、いつかは必ず縮小に転じます。その時に儲かっていようがいまいが、必ず次の市場を並行して探すべきです。「金のなる木」にたどり着けたら、そのままずっと儲けられると思ってしまいそうですが、そんなことはないのです。企業として長く発展していくためには、「問題児」から「金のなる木」までのサイクルを、何度も何度も回していけることが大切です。つねにさまざまなフェーズの商品をポートフォリオで管理することで、ずっと成長し続けられる企業になる、というのが「プロダクト・ポートフォリオ・マネジメント」の考え方です。

　自分の会社が儲かっているときに、わざわざリスクのある「問題児」に一から投資するのは心理的にもハードルが高いのも事実です。そこが、

企業としての最初の成長の壁かもしれません。

　堀塾でいえば、今は都心の新築 RC 造の物件を扱っていますが、それはすでにシェアを取れているので花形と言えます。ただ、新築 RC 造の市場もいずれ成熟します。たとえば神奈川や埼玉にエリアを移すとか、RC ではなく鉄骨でやってみるとか、また新しい商品と市場でチャレンジをしないと変化にも対応できなくなっていくでしょう。

　飲食店で例を挙げると、たとえば一時期流行したタピオカ屋がわかりやすいです。一気に店舗数を拡大して花形としてシェアを取り切って儲けたら、今度はフルーツサンドなど次の流行にシフトする。おそらく仕掛けているプレーヤーや物件のオーナーは同じような顔ぶれのはずです。

　業種を変えるのもアリです。たとえば飲食店でまずは成果を上げて、そのあとに今伸びている通販事業をやるなどです。なるべく関連のある事業の方がシナジーは生まれやすいと思いますが、コロナ禍でそれまで好調だった業種が一気に不調になってしまったという例も多々ありますので、そのような場合にも業種をシフトできると強いです。あるハンバーグ店では、現在、お店で出しているハンバーグのテイクアウトについて、通販の巣ごもり需要に乗って冷凍食品で売り出したら、全国からの注文が殺到したという事例もあります。

　ちなみに、新陳代謝のサイクルは、個人的な感覚としてはだいたい３年ぐらいかなと思っています。もちろん、ビジネスによっては10年のものもあれば、１年でくるくる変わるものもありますが、５年先の世の中の状態を読むのはかなり難しいので、先のことは考えすぎずに、短期中期の「問題児」を探していくのがよいと思います。それが結果的に、長期スパンでの安定性を生み出すはずです。

第4章
投資をマスターする

1 投資とは何か？

　本章でも、まずは、「投資とは」と定義を考えてみることからスタートします。

　一般的な「投資」の定義は、「利益を得る目的で、事業・不動産・証券などに資金を投下すること」とされています。投資には、大きく分けて、金融商品への投資（株式や債券、外貨、仮想通貨、投資信託等）と、マンションやアパートへの不動産投資とがあります。
　それぞれの投資の一般的な定義は以下の通りです。

株式投資	株式会社が発行する株式を売買する
債券投資	国が発行する国債、会社が発行する社債などを売買する
外貨投資	外貨預金、手持ち資金の数倍の取引が可能なFXへ投資する
仮想通貨	電子データのみでやりとりされる通貨へ投資する
投資信託	株式投資、債券投資、不動産投資などでプロが運用している仕組に少額から投資する
不動産投資	土地建物を売買したり、賃貸したりする

　投資と似て非なるものとして、投機ということばがありますが、投機とは「安いとき、高いときといったタイミングを見計らって利益を得る行為」のことで、ギャンブルに近い概念です。投資も利益目的ですが、

投資対象の将来の成長を見込んで資金を投じて、長い目で利益を期待する点が異なります。

そのためには「投資対象のビジネスを理解する」という要素が重要ということになります。

これはウォーレン・バフェット氏の投資哲学でもあります。

以上をまとめると、投資とは、以下のようなものであると定義できます。

投資とは、投資対象のビジネスを理解して、利益を得る目的で資金を投下すること

従って、投資家として成功するには、ビジネスの知識が不可欠です。ビジネスの知識がないまま資金を投じるのであれば、それは投資とは言えません。単なる「買い物」です。

買い物をしていてもお金持ちにはなれません。

株式や債券、外貨、仮想通貨、投資信託、あるいは不動産投資と、何をやるにしても、その投資対象がどのようなビジネスモデルで収益を上げて、どの程度のリターンをあなたにもたらしてくれるのかということについて、理解してから投資するのが必要ということです。

よく分からないものに投資してはいけません。

あなたが、「何となく日経平均も上がっているし、株主優待で○○という特典もあるのでこの株に投資しておこう」とか、「最近仮想通貨で億り人という言葉も耳にするし、インフルエンサーの○○さんも買っているので、この仮想通貨に投資しておこう」とか、「最初の自己資金が

不要で、全て銀行が融資してくれるし、不動産はインフレに強くて不労所得も入ってくるので、このアパートを購入しておこう」という理由だけで資金投下しているのであれば、それは買い物です。

　繰り返します。買い物だけしていても、絶対にお金持ちにはなれません。まずはこのことを認識してから、投資の世界に入っていきましょう。

2　投資の基礎知識

　本項では、投資をマスターする大前提として、投資の基礎知識について、少し深掘りして解説していきます。

A　インカムゲインか？　キャピタルゲインか？

　キャピタルゲインとインカムゲインは、どちらも投資で得られるリターン（利益）のことです。簡単にいうと、キャピタルゲインは保有していた資産を売却することによって得られる売却益を指し、インカムゲインは株の配当金や不動産の家賃収入など継続的に受け取れる収益を指します。

　一方で、当初の思惑とは反対に値下がりしてしまったことで発生した損失を「キャピタルロス」と呼びます。インカムゲインは継続的に入ってくる収益を指すため「インカムロス」という概念はありません。

　この点、キャピタルゲインとインカムゲインについて、一般的には以下のように説明されていますが、本当でしょうか？

「キャピタルゲインは上手く行けば収益性の高い投資ですが、思惑が外れてキャピタルロス（損失）を出してしまう危険性もあります。しかしインカムゲインは安定的に継続的に手に入れられる利益であり、価格変動の影響が少ない方法といえます」

　これは、多くの人がしがちな誤解です。

　売却時にキャピタルロスが出たとしても、それまでのインカムゲインでそれを上回る利益を得ていたのであれば、投資として成功と言える場合もありますし、逆に、インカムゲインで安定的に利益を出していたとしても、売却時にそれを全て打ち消すキャピタルロスが出ることもありえます。

　つまり、キャピタルゲインがリスクの高い手法で、インカムゲインがリスクの低い手法だというわけではないということです。その投資対象自体のリスクが高いのではないか、そのリスクに見合うリターンを生み出せるのか、という考え方をするべきです。

　では、キャピタルゲインとインカムゲインの根本的な違いは何かと言いますと、それは「時間の先取り」です。

　キャピタルゲインを得る人は、概ね５年〜10年分先のインカムゲインを先取りしているイメージです。

　たとえば、私が都心の土地を1.5億円で購入して、1.5億円をかけて建物を建築します。総額３億円の投資ですが、完成後に家賃収入がNET（経費を差し引いた実質の収入）で年間1500万円入ってくるとします。NET利回り５％です。このまま保有すれば、８年もすれば投資額に対

して40％の利益（1億2000万円）となります。

　ところが、私がこの物件を完成と同時に4億2000万円で売却したとします。同じように投資額の40％の利益を出すことになりますが、前者はインカムゲインとして8年かけて40％の利益を収受するのに対して、後者はキャピタルゲインとしてすぐに40％の利益を出すことになります（※）。

　要するに、キャピタルゲインによって、8年分のインカムゲインを先取りしているのです。これが「時間の先取り」の考え方です。そして、その塊を使って、次の物件に投資して、さらに大きな利益を取りにいきます。

　具体的なノウハウは、拙著『1人デベロッパーの勝ちパターンに学べ！　弁護士が実践する不動産投資最強戦略』（日本法令刊）をご覧ください。

　　　※宅地建物取引業の免許を得ていない個人の方は、転売目的での不動産
　　　　の取引はできませんので、ご注意ください。

　起業の世界における「連続起業家」も同じようなイメージです。

　一昔前なら、会社を立ち上げたらとにかく株式公開を目指し、上場達成後もずっと自分の会社を経営し続けるというのが王道でした。しかし、最近は上場させるまでに時間がかかってしまうのを嫌って、その前の段階でM&Aで大企業に売却するというパターンが増えています。それによって「塊」をつくり、次の起業の資金にするのです。

　その場合に得られる売却益は、「その会社を経営して得られる年間利益」の概ね3倍から7倍程度、つまり3年分から7年分の先取りになります。まさに時間を圧縮しているわけです。

　例：税引き後利益2000万円の会社をPER（株価収益率）5倍の1億円

でバイアウトした場合、会社をもう5年保有していれば、2000万円×5年＝1億円の利益が5年かけて入ってくると思われるところ、売却によりこれを先取りしています。

キャピタルゲインを狙うのか、インカムゲインを狙うのかは、将来の利益を先取りしたいのか、将来にかけて安定的に利益を受け取り続けたいのかの考え方の違いに過ぎません。

B　レバレッジあり？　なし？

古代ギリシアの数学者アルキメデスは言いました。

私に支点を与えよ、されば地球を動かして見せよう

これは梃子の原理を使えば、大きな力を発揮できるという意味です。梃子の原理とは、片方の長さが十分に長ければ、少ない重さ（労力）で重たいものが持ち上がるという法則です。そして、上手く梃子を使うことで、投じた元手以上のリターンを得ることを「レバレッジをかける」と表現します。投資における梃子とは、金融機関からの融資や信用取引を言います。

日本人には「借金＝悪」と考えている方が多いと思います。
借金をしている人に悪印象を持ったり、借金することを過剰に恐れていたり。住宅ローンや奨学金もなるべく繰り上げ返済したい、という方もたくさんいらっしゃいます。

もちろん、高利貸しから借りるなど金利があまりに高い借金の場合は、

金利の支払いで破綻しますので、要注意です。また、そもそも収入を生み出さない浪費のための借金であれば、梃子の原理で資産を増やすことに繋がりませんので、論外です。

しかし、一律に「借金はダメ」というのは、実は誤った考え方です。なぜなら、借金は、資産を増やすための手段なのです。

投資によるリターンは、「資産額×利回り」ですので、借金により資産を増やすことで、リターンを増やすことができます。借金を梃子にして、レバレッジを利かせて利益を上げるのです。

例えば、手元にある現金1000万円を自己資金として、年間利回り10%の投資をするとしたら、その利益は年100万円になります。しかし、その自己資金1000万円を担保に9000万円の融資（借金）を引っ張れたとします。すると、投資額は1億円になります。それを同じように年間利回り10%で運用したら、利益は1000万円になります。利益がそのまま10倍になるのです。

また、住宅ローンや奨学金のように、金利が非常に低く返済期間の長い借金については、悪いものではありません。繰り上げ返済をして手元の自由に使える資金を減らしてしまうのは、投資という観点ではきわめて悪手と言えます。

というのは、資産額を増やせば、「資産額×利回り」の公式に則りリターンが増えることは再三説明していますが、住宅ローンなどの繰り上げ返済は、そのチャンスをみすみす逃す真逆の行動だからです。

例えば、住宅ローンが5000万円残っていたとして、余った現金もたまたま5000万円あるとします。ふつうの人は、「これで住宅ローンを返してすっきりできる」と考えがちです。しかし、そうするとローンがゼロ

になる代わりに、現金もゼロになり、収益を生み出す資産がなくなってしまいます。

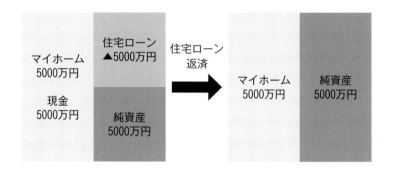

　そうではなく、現金5000万円で利回り8％の収益物件を購入すると、年間で400万円の家賃収入を生み出すことになります。仮に、5000万円を自己資金として融資を利用して3億円の収益物件（利回り8％）を買った場合、年間で2400万円の家賃収入を生み出すことになります。もし住宅ローンを返済してしまっていたら、こうはなりません。返済は、借金を減らすというよりも資産を減らしてしまっているのです。

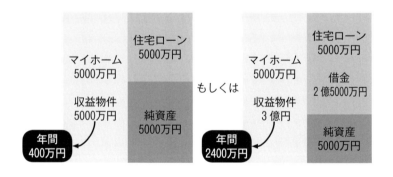

　では、借金を怖れる人のロジックは何かというと、以下の1点です。

・返済できないと、破産することになるでのは？

　これはその通りです。返済期限に返済できないと、貸主から訴訟を提起されて、保有する財産に強制執行をかけられる流れになります。それでも返済できなければ、最後は自己破産です。

　しかし、裏を返せば、返済さえ問題なくできるのであれば、借金の金額がいくらに膨れ上がろうと、恐れるに足らずなのです。
　そして、借金があっても、通常、債務者には期限の利益があります。期限の利益とは、一定の期限が到来するまで弁済（支払い）をしなくてもよい、という債務者の利益をいいます。
　たとえば、1億円の借金があって、毎月末日に100万円ずつ返済する約束であった場合、毎月末日に100万円の返済をする義務はありますが、その時点では残りの9900万円を支払う必要は無いということです。
　そうすると、この1億円で不動産を買った場合で、毎月の家賃が200万円入ってくるようなケースでは、一部空室になったり、経費がかかったとしても、毎月の100万円の返済は余裕があると言えるので、借金を怖れる理由は無いと言えます。

　注意すべき点としては、家賃収入が少なくて、毎月の返済がギリギリである場合（毎月の家賃が110万円の予定で、1室でも空室になると、100万円の返済ができなくなる場合など）は、その借金はしてはいけないということになります。
　通常、毎月の返済を1度か2度怠ると、「期限の利益を失う」という

特約が付いているはずです。「期限の利益を失う」というのは、将来に
支払えばよかったものが、今すぐに支払わなければならなくなる、とい
うことです。上記の例で言えば、月末の100万円を1度もしくは2度期
限までに支払いをしなかったら、「100万円を支払えばよい」状況ではな
くなり、「残金全額を一括で返せ」ということになるという意味です。
これだと一気に返すのは難しいので、破産する可能性が出てくるという
わけです。

　また、不動産投資と異なり、信用取引で株式投資をしたり、FX投資
をする場合には、別の注意が必要です。これらの投資は、価格の変動が
大きいので、レバレッジをかけて投資すると、損が出た場合の被害もレ
バレッジが効いてしまいます。

　たとえば、現物取引の場合、自己資金が100万円なら取引できる金額
も100万円です。しかし、信用取引なら、100万円の自己資金（保証金）
の場合、最大で約3.3倍の約330万円までの取引が可能です。このように、
自己資金が同じ100万円でも信用取引なら現物取引の約3.3倍の取引が行
えるというメリットがあります。
　ただし、デメリットもあります。現物取引なら、自己資金100万円の
場合、100万円の株を買い、株価が1/2になれば、損失は50万円で残る資
産は50万円となり、負債はありません。しかし、信用取引でレバレッジ
3倍の300万円の株を信用買いし、株価が1/2になった場合に損失は150
万円となるので、50万円の負債を背負うことになります。

　このように、信用取引は自己資金の最大約3.3倍の取引が行えるとい
うメリットがありますが、株価が大きく値下がりすると、自己資金以上
の損失が発生し負債が残るかもしれないというデメリットがあるため危

険だと言われるのです。FX の場合は、最大25倍の信用取引ができるので、その分、リスクも大きくなります。

とはいえ、投資対象を理解して、価格が下がることのない株や通貨に投資できるのであれば、レバレッジをかけることを否定する理由はありません。やはり、投資の中身が重要ということになります。

リスクとは、自分が何をやっているかよくわからないときに起こるものです。

繰り返しになりますが、投資の基本原則は「投資額×利回り」です。「投資額」の部分をいかに大きく保てるかというのが、そのまま収益に直結します。

期限の利益を生かして、投資対象を吟味して投資する場合には、借金が多ければ多いだけ、資産が大きくなり、より多くのリターンを得ているという事になります。したがって、不動産投資家や優秀な投資家には借金自慢が多いです。彼らにとって借金が多いというのは、すなわち資産が多く、収入も多いということを意味します。

C　単利か？　複利か？

20世紀最大の物理学者であるアルベルト・アインシュタインは、複利を「人類最大の発明」と評したと言われています。

投資で得られる利益には、単利と複利というふたつの種類があります。

単利は、元本にのみかかっている利息のことを指します。100万円を元手に投資をして、年間利回り 5 ％で、 5 年間単利で運用すると、得られる利益は初年度も 5 年目も変わらず 5 万円です。利益の合計は 5 万円

×５年間で25万円になります。

　これに対して、複利は、元本だけでなく、利息に対しても利息がつきます。得られた利息も元本に組み入れた残高の全体に対して利息がかかるのです。利益が出れば出るほど、元本に追加されていきますので、いわゆる「雪だるま式」の増え方になります。

　たとえば、同じように100万円を元手に投資をして、年間利回り５％で５年間、複利運用すると考えてみましょう。その場合、得られる利益は初年度は５万円です。しかし２年目からは、その利益である５万円も含めた「105万円」に対して利回りをかけることになります。すると、２年目の利益は５万2500円となります。３年目以降も同じように元本自体が大きくなるので、５年目には残高は約128万円になります。単利の場合よりも３万円近くお金が増えることになるのです。

　５年間でたった３万円なら大した違いではないと思うかもしれません。

　しかし元手が3000万円だったなら、80万円の違いになります。さらにこれが10年ならば、300万円以上の差になります。

　また、利回りがさらに高ければ、この差は爆発的に広がっていきます。ちなみに、７％の利回りで複利運用すると、だいたい10年で元金が２倍になると言われています。

　ちなみに複利の計算は、スマートフォンの計算機アプリで簡単にできます。７％の利回りであれば、元金に「×1.07」をして、あとは年数分だけイコールを押し続けるだけです。すると、複利で増える金額を確認できます。

　複利運用の注意点は、得られた利息分を引き出すと意味がなくなってしまうということです。利息分も含めて投資し続けなければ複利で増えていかないので、儲かった分を使ってしまいたいというタイプの人には向きません。

　もし、大きく資産を増やしていきたいと考えている方は、儲かった分を引き出して使うことは避けてください。いわば、「欲しがりません。勝つまでは」の精神です。使うなら、お金が大きく育ってから使うべきなのです。

　ちなみに、資産拡大のステージを終え、あとは資産を防衛していけばよい人、つまりすでに十分にお金持ちになっている人は、複利ではなく単利でも構わないと思います。

　株式投資もやっている元 K-1 チャンピオンの久保優太さんと昔 YouTube でコラボしたのですが、その時に彼は「利益が出た分は貯金に回し、ずっと元金を一定にし続ける」と話していました。「株をやるのは○円まで」と先に決めてしまうわけですね。

　これは複利ではなく単利なので、お金持ちを今から目指す人には勧められない方法です。久保さんはすでに成功しているので、リスクをとらずに投資を楽しんでいるのだと思います。

D　流動性あり？　なし？

　流動性とは、換金（現金化）の容易さを表します。

　たとえば東証一部上場銘柄は二部上場銘柄に比べて信用力が高い、浮動株が多いなどの理由から一般的に流動性が高いことが多いです。また、不動産は株や債券などの金融商品と比べて流動性が低いです。現金化するまでに 3 ヶ月〜半年程度の時間がかかるのが通常です。

何かの事情で現金が必要な際に、ご自身の資産が流動性の低い資産のみであるならば、現金を用意できずにその事情に用立てできないことになりかねません。そこは注意です。

E　ボラティリティー大きい？　小さい？

ボラティリティー（Volatility）とは、一般的に価格変動の度合いを示す言葉で、「ボラティリティーが大きい」という場合は、その商品の価格変動が大きいことを意味し、「ボラティリティーが小さい」という場合は、その商品の価格変動が小さいことを意味します。

一般に、株式投資はボラティリティーが大きく、大きな利益を得ることができる反面、損失の幅も増えるため、投資リスクが高いです。

投資先の株式を発行する企業の事業が失敗したり、経済環境によって株価が急落したりするケースは珍しくありません。さらには、投資先の株式を発行する企業が倒産すれば、その株価はゼロになります。最悪の場合、投資した資金をすべて失う可能性もあります。

不動産投資の場合は、株式に比べるとボラティリティーは小さく、不動産の価格変動は基本的には年単位となります。株式投資のように毎日価格が変動するわけではないため、突然価格が半額になっているというようなことは起こりません。

また、不動産投資の中でも、投資対象が、レジデンスの場合はボラティリティーが小さく、オフィスや店舗等の商業物件の場合はボラティリ

ティーがやや大きいです。コロナ禍における商業ビルのテナントは空室
が目立ち、従ってビルの価格も下がるという場面が今後出てくると思い
ます。

　投資対象を選ぶ際に、ボラティリティーの大きさも基準の一つに入れ
るとよいでしょう。

F　分散投資？　集中投資？

　複数の投資対象、銘柄に分けて投資する「分散投資」と、特定の少数
の投資対象、銘柄に集中して投資する「集中投資」の2種類があります
が、これはどのように考えるべきでしょうか。

　ウォーレン・バフェット氏は、以下のように言います。

　*分散投資は無知に対するヘッジだ。自分で何をやっているかわかって
いるものにとって、分散投資はほとんど意味がない。*

　多くの投資アドバイザーは「分散投資をしなさい」と薦めます。資産
の何割を株に、何割を債券に、何割を定期預金になど。分散投資の一番
の目的はリスク回避です。「たくさんの卵を一つのかごに入れるな」と
いう英語の諺がありますが、いくつかのかごに卵を分けることで最悪の
事態を防ぐということです。
　しかしバフェット氏は、分散投資を全員に薦めているわけではありま
せん。投資を知らない、お金の運用に興味がない人には分散投資を薦め
ていますが、積極的に投資をする人にはむしろ集中投資を薦めています。
バフェット氏自身、分散投資はしていません。

　ABCの3つの投資対象がある時に、ABは今一つの投資対象で、Cが確実に儲かる投資であると理解している場合に、300ある資金を100ずつ投資する必要があるでしょうか？　という意味です。

　私もバフェット氏も、迷わずCに300投資するでしょう。

3　自分が何者で、何がしたいのかを見極めよ

　前項では、投資する際に、どのような手法を取るかについて、代表的な争点を整理しました。

　この点、実際問題、インカムゲインを狙うべきか？　キャピタルゲインを狙うべきか？　分散投資か？　集中投資か？　などの判断は、人それぞれとなります。

　人それぞれというのは、その人のステージや投資の目的によるという意味です。

　大きく分けて、資産を拡大したい人と資産を防衛したい人とでは、一般的に以下のように取るべき手法が異なると思います。

資産拡大	資産防衛
キャピタルゲイン レバレッジあり 複利 ボラティリティー大きい 集中投資	インカムゲイン レバレッジなし 単利 ボラティリティー小さい 分散投資

　資産を拡大したいと思っている人が、レバレッジをかけずに小さい元本で投資していても、お金は増えていきません。また、ボラティリティーの小さい＝リターンの小さい投資対象で投資をしていても、お金は増えません。

「（レバレッジをかける＝大きな資産）×（ボラティリティー大きい＝高い利回り）」の掛け算で資産を大きく増やすのが近道です。

　そして、将来の利益を先取りするべく、よきタイミングでキャピタルゲインを得て、その利益を次の投資に回すことで複利で雪だるま式に投資していくべきです。

　投資の対象も最も儲かるものに集中します。

　他方で、資産を防衛したいと思っている人は、インフレに負けない程度に投資すればよいという発想です。増えなくてよいので、減らしたくないということです。

　ですので、レバレッジをかける必要もなければ、キャピタルゲインで将来の利益を先取りする必要もありません。生じた利益を再投資する必要もないので、単利でも十分です。資産の価値が下がるのだけは絶対に避けるべきことですので、必ずボラティリティーの小さい対象に投資します。また、分散投資で資産が減ることを防ぎます。株と債券など、一方の価格が下がれば他方の価格が上がるという対象に、均等に投資します。分散投資ではお金は増えませんが、減ることは防げます。

　このように、資産を拡大する人と防衛する人とでは、取るべきルールが異なるのです。

　問題なのは、自分は資産を増やしてお金持ちになろうと思っているのにもかかわらず、資産防衛のルールをとってしまって、全然お金が増え

ていかないとか、逆に、資産を防衛することが義務付けられている人が、レバレッジをかけ過ぎたり、ボラティリティーの大きい対象に投資して、逆に資産を減らしてしまう場合があるということです。

　一つの指針としては、<u>最初はビジネスやキャピタルゲインで資産を大きくしてから、その後に大きくなった資産からのインカムゲインで不労所得を得る</u>という道程を考えるべき。

　資産が小さいとインカムゲインも小さいです。また、十分な資産を築いたにもかかわらず、ずっと株の信用取引でボラティリティーの大きい対象にレバレッジをかけ続けるのは、健全ではありません。それは「中毒」です。

　要は、自分が何者で、何がしたいのかを見極めよということです。

4　自分でゲームに参加する

A　究極の投資家

　前項を読んで、自分が何者なのかを見極めていただいたところ、自分はまだまだ資産の形成途上であり、これから資産を拡大していきたい段階だと思ったならば、この項でお話しする内容はよく聞いていただきたいと思います。

　これまでにお話ししてきましたが、自分で「ゲーム」に参加する人が大きく稼いで、お金持ちになっていきます。パッケージ商品を買っていては、絶対に儲かりません。

　株式投資であれば、市場で流通している上場企業の株に投資していて
も、なかなかお金持ちにはなれません。多少の値上がりでキャピタルゲ
インが得られたとしても、資産が 2 倍になるなど、大きく稼ぐことには
なりません。

　ではどうすればよいかというと、自分自身が株の発行体となれば、ゲ
ームの主催者となれます。要は、キャッシュフロー・クワドラントの右
上ビジネスオーナーとして起業して事業を育てて、それを売却するとい
う方法です。事業を M & A で第三者に売却する際の株価のイメージは、
税引き後利益の 3 倍～ 7 倍程度です。これが「究極の投資家」であり、
現代のお金持ちへの最短ルートです。

　これだけ聞くと、なかなかハードルが高そうですが、方法がないわけ
ではありません。

　私の知るところでは、実際に20代の若者が WEB 系の会社を個人で立
ち上げて、得意のネット知識を駆使して月間数十万 PV の WEB メディ
アに育てました。社員数名でしたが、上場企業に 5 億円で売却したとい
うことです。

　また、50代の方ですが、これまでの人事の経験を生かして人材紹介業
を起業し、SE（システムエンジニア）を大手企業に紹介して紹介料をも
らうビジネスモデルの会社を、社員10名程度の段階で 4 億円で売却した
とのことです。

　また、サラリーマンをやりながら、空いている事務所用物件を借りて、
貸し会議室ビジネスをしている方がいます。1 部屋家賃10万円で借りて
きて、オフィス用家具を設置して、ポータルサイト等に登録して会議室
を持たない個人事業主に時間貸しします。これで月間30万円の売上にな
るそうです。これを何部屋、何十部屋と稼働させればかなりの売上とな
ります。営業利益が年間1000万円程度になってくれば、事業自体を3000

万円〜5000万円程度で売り出すことも可能です。

　他人が作った会社の株式を一部買い物するのではなく、自分自身が株の発行体になるという発想を頭の片隅に入れておくとよいでしょう。

B　大間の鮪を取りに行け

　ここで、不動産投資家として自分でゲームに参加する流れをもう少し分かりやすく説明します。

　土地を買って、自分で建物を建てて、エンドユーザーに売却するという一連の流れは、お寿司屋さんがお客様に鮪（まぐろ）を出すまでの一連の過程に似ています。

　本州の北端、下北半島。その最北の地にある青森県大間町。津軽海峡の向こう側は、すぐに北海道。ここでは、"黒いダイヤモンド"と呼ばれるクロマグロ（本マグロ）が収穫できます。大間の鮪は、市場でも高値で取引されることで有名です。平成25年の築地の初セリでは、なんと１億5000万円超の値がついたといいますから、驚くばかりです。
　熟練した漁師が鮪漁船に乗って、大間の鮪を釣った後は、鮪は市場に運ばれて、仕入れに来る寿司職人に買われていきます。寿司職人は、自分の店に鮪を持ち帰りし、小分けして寿司や刺身の形に仕立ててお客様に提供します。

　不動産投資の過程に置き換えると、鮪が土地で、漁師が土地の仕入れ業者です。寿司職人はデベロッパーで、寿司を食べに来たお客様は不動産投資家です。

　普通のお客様は寿司を食べるだけで、これは完成した建物をただ買っているだけの不動産投資家ということになります。

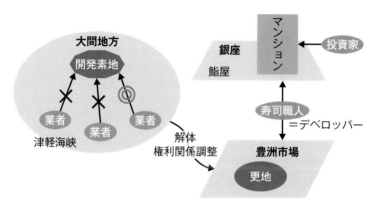

	寿司	不動産
仕入れ	漁師がクロマグロを奪い合う	業者が土地を奪い合う
	運搬・解体	権利関係調整
卸し	市場	更地
	寿司職人が購入	デベロッパーが取得
商品化	寿司を握る	建物を建造
提供	銀座で客が食べる	投資家・一般客が購入する

　普通の人は寿司は好きでも、寿司屋になろうとまでは思いません。しかし、ここにビジネスチャンスがあります。

　自分で大間の鮪を取りに行くか、もしくは市場で鮪を仕入れて自分で握ると、その鮪は売れば利益の出る含み益のある物件となります（※）。

　出された鮪をただ食べる（パッケージ商品を買う）だけでは、投資家が儲かることはないでしょう。

　もし興味がある方は、YouTube 堀塾ちゃんねる「不動産コンサルタントの人と炎上した件について」もご覧になってみて下さい。

　　※実際に不動産を取得してすぐに売ってしまうと、宅地建物取引業法に
　　　抵触する可能性がありますので、免許を得ていない個人の方はご注意
　　　ください。

5　マーケットが成長する場所で投資せよ

　株式投資にしても、不動産投資にしても、成長する銘柄、エリアを選定する必要があります。

　前項で「究極の投資家」の例として、「事業を M&A で第三者に売却する際の株価のイメージは、税引き後利益の３倍〜７倍程度です」と述べましたが、上場している企業の株価は、税引き後最終利益の15倍程度が平均と言われています。

　ここで、株式投資の指標である ESP と、PER について説明します。

　EPS とは、「１株当たり純利益」で、会社の最終利益である純利益を、発行済み株式数で割ったものです。たとえば、純利益が１億円、発行済み株式数が100万株の場合、EPS は、１億円÷100万株＝100円となります。この会社の利益は１株当たりだと100円ということです。

　さて、この会社の株価が現在2000円だとしましょう。EPS が100円ですので、その20倍の値段がついているというわけです。この「20倍」が

すなわち PER で、PER とは「今の株価が"1株当たりの純利益"の何倍なのか」（株価収益率）を示したものなのです（EPS × PER ＝株価）。

　株を EPS の20倍の値段で買うのと、EPS の10倍の値段で買うのとを比べると、10倍の値段で買えた方がお得（割安）のように見えます。つまり、PER の数値が高いと今の株価は割高、低いと今の株価は割安というのが基本の見方となります。

　では、なぜ PER が高い銘柄でも投資家に買われるのでしょうか？
　それは、その企業が将来もっと多くの利益を出すようになるだろうと投資家が期待しているからです。今の純利益は1億円ですが、近い将来に純利益5億円に成長するだろうと。そうすれば、EPS は5億円÷100万株＝500円となります。それにもかかわらずこの会社の株価が現在2000円だとすると、その4倍程度の値段にしかなっていないので、割安だと判断されるのです。

　従って、株式投資は、基本的に将来成長する銘柄を探す作業となります。
　冒頭の「投資とは投資対象のビジネスを理解して、利益を得る目的で資金を投下すること」と定義した内容にも、ピッタリ当てはまります。

　不動産投資も同じです。
　目先の利回りの高さを求めて、地方の駅から遠い物件などをあえて買う投資家もいますが、これは危険な投資です。「利回りが高い」ということは、「利回りを高くしないと買う投資家がいない」からであり、築年数の経過と人口減少、設備や間取りが現代のニーズとミスマッチになっていくことで、空室だらけの物件となるのは既定路線です。それを見

越して高い利回りで賃料収入を得ようとするのですが、想定を超える速度で過疎化が進んで、売りに出しても誰も買う人がいないという事態にもなりかねません。

　知人の投資家の中には、四国に持っている物件の入居率がずっと50%程度になっていて、何をやっても埋まらない。そもそも魚がいないところで魚釣りをしているようなものだと嘆いていました。また、中部地方の投資家の中には、大企業に社宅として一棟貸しできていた物件について、三点ユニットバスや間取りの狭さを理由に、大規模な改修をしてもらえない場合は退去すると言われて、大規模修繕の見積りを取り寄せたところ、億単位の見積書が届いて進退窮まったという方もいます。

　マーケットが成長しないと、その投資はジリ貧となっていくのです。

　他方で、マーケットが成長するエリアで投資しておけば、賃料も上がっていきますし、物件価格も上昇していきます。全ての不動産が絶対に新築のときが一番高くて、築年数が経過すると価格が下がっていくと思っている人は、マーケットの成長という要素を織り込めていません。

　私が過去に新築で購入した区分マンションが現在どのような価格となっているかについて、堀塾ちゃんねる「堀鉄平が購入した区分マンションの収益を大公開します」で公開しています。ぜひ、ご覧ください。

6　アービトラージを探せ

A　安く買って高く売る。それだけ。

投資の原則は「安く買って高く売る」ことです。

　この「価格ギャップ」を見つける方法として、私が常に意識しているのが「アービトラージ」です。

　アービトラージとは、「裁定取引」のことです。裁定取引とは、金利差や価格差に注目して、割安な投資対象を買い、割高な投資対象を売るポジションを取ることで、両者のサヤを抜こうとする手法です。商業用語としては「さや取り」とも言います。商品価格の差を刀の「さや」に見立て、価格ギャップを利用して稼ぐことを「さや取り」と表現しているのです。

　わかりやすいのが、山の頂上で売られている水や缶ジュースの値段です。地上で買えば100円で買えるような水が、山の頂上では希少価値が高いので、220円などでも売れてしまうのです。

　熟練した投資家は、そうした歪みを利用して、「安く買って高く売る」ことを実践しています。
　不動産投資においては、とりわけアービトラージが重要になります。なぜなら、不動産の世界には、物件の価格評価の方法が複数存在するからです。値付けの方法がいくつかあるため、同じ物件の評価に価格ギャップが生まれます。お察しの通り、安く評価されている方法で購入し、高く評価される方法で売却すれば、その価格差分だけ含み益を得られるのです。

　具体例をあげてみましょう。
　たとえば、所有しているマンションの1室を売却するとします。このときに、賃借人がいる状態で売却するのと（いわゆるオーナーチェンジ）、賃借人が退去したタイミングで売却するのと、どちらが高く売れるでし

ようか。

　普通に考えると、賃借人がいる方が家賃収入も入ってきますので、高く売れそうな気がします。買い手が投資家の場合は、買う時点で賃借人がいる方が都合がよいでしょう。

　しかし、実際には賃借人がいない方が高く売れるのが通常です。それは、買い手本人が自分で住む目的でその部屋を購入する場合（実需）が多いからです。

　同じ物件であるにもかかわらず、誰が買うかによって価格が異なってくることについては、第3章3「誰が一番高く買ってくれるのかを考える」でも紹介しました。

　アービトラージは、同じ商品について異なる値付けがされる場合に生じ得ます。

　マンションの例で言えば、投資家目線での価格評価を「収益還元法」といいます。反対に、実需の人が行うような、周辺相場や似たような物件との比較による価格評価を「取引事例比較法」といいます。一般的に、都内の高級マンションであれば、収益還元法よりも取引事例比較法のほうが高く売れると言われています。

　賃借人がいる状態で売却する場合、その物件を購入するのは投資家だけです。彼らは、「その物件からどれだけ収益が得られるか」という観点で物件を評価します。

　たとえば周辺相場を鑑みて、どのぐらいの賃料収入が得られそうか。利回りはどのくらいになるか。いくらで購入すればペイするか。そうした投資商品としての基準で物件を見ていくのです。

　しかし、自分で住みたい実需の人が購入する場合、物件の価格評価方法は「自分が住むと考えたときにお得かどうか」です。（そもそも買いたくなるような魅力がある物件だという前提ですが）たとえば他の似たような物件と比べて価格が安いとか、あるいはちょっと高くても魅力があるから許容範囲とかでなければなりません。そうした他との比較によって購入するかどうかを決めていきます。もし仮に、その物件がオンリーワンの魅力を持っているのであれば、相場よりもはるかに高い価格で成約することもあり得ます。高級マンションであれば、外国人のお金持ちの方が出張や旅行で短期滞在するためだけにセカンドハウスとして購入することもあり得るでしょう。

　このアービトラージを駆使してビジネスにしている不動産業者もいます。賃貸中のマンションを収益還元法で安く買ってきて、賃借人が退去したタイミングで簡単なリフォームをして、取引事例比較法で実需に高く売るのです。

　不動産を例に挙げましたが、アービトラージはどこにでも見つかります。
　たとえば、地域情報サイト「ジモティー」を通じて安く購入した商品をAmazonやメルカリなどで転売するだけで高くなることがあるそうです。「せどり」という言い方もしますが、これもアービトラージです。安く売ってくれる人、高く買ってくれる人がそれぞれどんな人なのかを考えると見えてきます。
　アービトラージが分かっていれば、朝倉未来の乗った車を下取り価格で安く購入し、「これは未来くんの乗っていた車です」と高く売ることもできるのです。

　普通の人は、商品の値段は決まっていると考えがちです。しかし、一つの商品にさまざまな値段がつくことは、普通なのです。

　マンションのモデルルームには、インテリアとして洋書が展示してあります。あのようなお洒落な洋書をインテリアとして仕入れようとすると、たとえば10冊で３万円ぐらいするかもしれません。しかし、神保町の古本屋さんで仕入れたら、一冊数百円で買えるかもしれません。神保町の古本屋で売られている洋書は、あくまでも読むための本、つまり実需向けです。もしつまらなくて人気のない本だったら、安く大量に投げ売りされることもあるでしょう。それらを仕入れて、インテリアを探している個人や業者に売れば、差額で儲けられるかもしれません。彼らは飾りとしての立派さを求めているだけなので、内容の面白さはそこでは関係がないのです。

B　ダイヤの原石

　アービトラージの話とも似ていますが、一見使い物にならなさそうな資産でも、少しの工夫で輝かせられることがあります。

　たとえば六本木にある私の自宅を例にあげましょう。そこは前面道路が幅４メートルしかなく、400％の指定容積率の全てを活用することができていませんでした。

　容積率というのは、土地の広さに対して、建設可能な建物の延床面積の割合になります。土地が50坪で、400％の容積率ならば、合計200坪の建物が建てられたはずです。逆に容積率が低いと、総坪数の狭い建物しか建てられないので、収益性が低く、価値も下がります。

　ところが、接する道路幅による上限もあり、私の土地の場合はそちらの制限で、240％の容積率になっていたのです。

　が、容積240％しか建てられないがゆえに、私はその土地を安い価格

で購入できたのです。そして、この土地の価値をフル活用するために、隣の土地を購入しました。隣の土地は幅8メートルの道路に接しており、容積400％をすべて使い切れる土地でした。すると、もともと持っていた土地も幅8メートルの接道が取れるようになりますので、240％と400％の差160％分を別途使えるようになりました。これにより、私のもともとの自宅敷地は、不動産価格が飛躍的に上がりました。まさにダイヤの原石を磨き上げたのです。

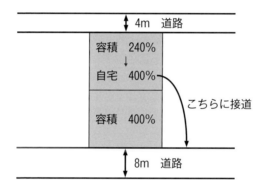

不動産の世界では、こうした道路付けによる価値の変化はよくあることなので、投資家もデベロッパーも狙います。接する道路が変わるだけで、下手したら土地の価格が3倍になったりすることもあるのです。

これは不動産に限ったことではありません。

たとえば、朝倉兄弟もある意味ではダイヤの原石でした。彼らが最初にTHE OUTSIDERに登場したときには、まだ狭い業界の中でしか彼らは知られていませんでした。

しかし、彼らを身近で見ていた私にとっては、彼らがRIZINでチャ

ンピオンになりうる人材だというのはわかっていたことでした。だからこそ、身銭を切ってでも呼び寄せたいと思ったのです。

　株で言えば、上場直後でまだ評価の低い会社の株を購入して、その会社が目論見通りに伸びれば大儲けできるというケースがあります。経営者がエンジェル投資をしたり、新入社員がこれから伸びる会社に入社してストックオプションを受け取ったりするのも同じです。

　ちなみに、本当はそこまでポテンシャルがないにもかかわらず、ダイヤの原石のふりをして期待値を高め、投資を集めようとするパターンもあります。

　不動産会社でも、IT企業のように見せかけて、これから伸びそうな気配を演出するのです。通常、不動産会社ですと前述の株価収益率（PER）が5倍から7倍程度で評価されるのですが、IT企業かのように見せることができると、その成長性に対する期待でPER100倍という評価がついてしまうこともあります。

　ですが、そこから化けの皮が剥がれると、株価は一気に暴落します。経営陣は株価が高いところで売り抜けていて大儲けしていたりします。これを、通称「テックの粉」といったりします。テックの粉を振りかけると、中身はテック系の会社でもないのに価値が高いかのように見えてしまいます。最近だとバイオテクノロジーなんかがそれにあたるかもしれません。

　いずれにせよ、投資は、投資対象のビジネスを理解して、利益を得る目的で資金を投下することですので、自分の目で投資対象のビジネスモデルを精査することが必要です。

7　大局を読む

　大局を見極めなければ、投資で勝つことはできません。3つの場面に
分けて解説します。

　まず第1に、今の安定は「幻である」と自覚しましょう。

　2019年10月13日。日本自動車工業会の会長会見で、トヨタ自動車の豊
田社長が「雇用を続ける企業などへのインセンティブがもう少し出てこ
ないと、なかなか終身雇用を守っていくのは難しい局面に入ってきた」
と述べました。これまで大企業、まして世界のTOYOTAに就職さえ
すれば、一生安定だと思っていた人は多いでしょう。

　また、私が生まれた1970年代のあたりは、金利が8％ついていた時代
でした。郵便局に貯金していたら、金利が8％つく時代で、貯金だけし
ておけば金利で生きていけたという時代だったのですが、現代は空前の
低金利で、金利はほぼ0です。

　かつては就職の一番人気は銀行でしたが、今は銀行に未来がないとも
言われています。

　このように、「将来ずっと安定していく」と思っていることは、実は
「幻だ」と認識することからスタートしなければなりません。

　そのように安定が永続することは無いと認識していれば、有事の際に、
変化に対応することが可能となります。

　そう、第2に、変化に対応することが重要になってきます。

　今のコロナ禍の中では、大局を読んで変化に対応しているかどうかで

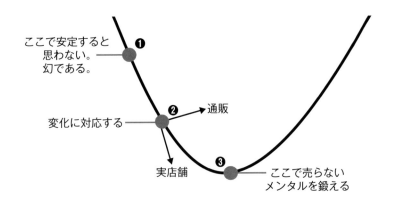

明暗がはっきりと出ています。飲食店が苦しいのは間違いないのですが、補助金待ちで何も経営努力しない店がある一方で、通販需要に目を向けて逆に業績を伸ばしている店もあります。

　今までは安定と思われていたものが、一瞬で不安定になる時代です。時代は大きく転換するタイミングがあり、そのときには気付きにくいのが通常です。後から「あの頃は……」となってしまって、その時までに変化できていない人は淘汰されてしまいます。

　常に時代の流れを読み、変化に対応していかなければ、安定は手に入りません。ですので、変化に対応している会社・業界に投資するという姿勢が重要になっていくでしょう。

　コロナ禍において、テレワークが広まり、今後は住む場所がより自由になっていくと思われます。もちろん、かといって東京都内の人口が減っていったり、不動産投資の需要が大きく変わっていったりするわけではないと思いますが、たとえば、「住むこと」と、「旅すること」の境界線が無くなっていくと思われます。そうであれば、別荘のシェアビジネスや、ホテルや家具付きサービスアパートメントのサブスクリプション

という業態が大きく成長していくと思います。

　また、今後は、ひとつの会社に就職して定年を迎えるというよりも、副業が当然になり、最近流行りの「FIRE（経済的に自立した状態で早期退職し、自由な時間を過ごすこと）」が増えていくと思います。そのように考えるのであれば、株式会社ココナラに注目するのもいいでしょう（ココナラは、私の高校の同級生である南章行さんが創業した会社で、ビジネスからプライベート利用まで、個人のスキルを気軽に売り買いできる日本最大級のスキルマーケットです）。堀塾の塾生の迫祐樹さんの「Brain」というプラットフォームも、個人がスキルを販売する際の手数料をもらうというビジネスであり、時代の変化に対応した優れたビジネスモデルと言えます。

　逆に、ワクチン接種による状況の好転や国の介入を指をくわえてみているだけでは、衰退していく業界もあることでしょう。

　最後に、第3として、何があっても狼狽えないということが大切です。

　日経平均でも不動産の相場でも、好調に推移していたものが、何らかの要因で急落することはあり得ます。最近ではコロナショックで株価が一瞬急落しましたが、すぐに高騰したというように、市場は敏感です。

　日本政府の場合、景気がこれ以上悪くならないように金融緩和をとり、金利を下げるなどしてお金を借りやすくし、誰もが投資を積極的に行う環境を整えます。すると、次第に株価も戻っていきます。ある程度投資に慣れている人であれば、こうしたアップダウンは何度も経験しているでしょう。

　しかし、初心者でよくあるのが、下がってしまったところで怖くなっ

て売ってしまう、いわゆる株の「狼狽売り」です。これをやってしまうと最悪です。

　一時下がったときに売ってしまうと、負けが確定してしまいます。大きな流れを意識すれば、下がる要因が取り除かれた段階で徐々に価格は戻っていくので、「あのとき売らなければよかった」と後悔することになります。

　堀塾ちゃんねるに「なぜ平本蓮は「俺は負けてない」と主張しているのか？」という動画をアップしたことがあります。平本さんは K-1 でスター選手になりましたが、RIZIN で負けて一度株が下がりました。しかし、彼は Twitter で「俺はまだ負けてない」という趣旨のことを発言していたんですね。

　私は、この発言は重要だなと思いました。もちろん、この試合で負けたのは事実ですが、彼の言っている「負け」は格闘家としての敗北を意味しています。一つの試合で負けたからといって、格闘家として終了したわけではない。そう、負けが「確定」したわけではないのです。その試合の負けで引退するわけではなく、ここからまた勝ち上がっていけばいい。そのように彼は言ったのだと思います。

　これは、株価が一時的に暴落した際のメンタルの持ち方として参考になります。時間軸を意識できる人であれば、今この瞬間は含み損であるが、2 年後に株価はここまで戻るはず。従って、まだ負けていない。ここで売ったら負けが確定してしまうが、それはもったいない。このように考えられる人が成功していきます。

8　BSで投資しろ

　ワクチンの予防接種という方法を考え出したフランスの生化学者＆細菌学者であるルイ・パスツールは、以下のように述べました。

　幸運の女神は、準備を終えた者のところにしか訪れない

　前項で紹介した図解③の株価が暴落した時点で株を買い増せる人は、後に多額の利益を手にします。株に限らず不動産でも、港区など一等地の更地で、そこにマンションを建築すれば億単位の含み益が得られる物件が紹介されることがあります。

　そのようなときにそのチャンスをモノにすることができる人は、当然ですが、買える人だけです。買えるというのは、買えるメンタルを持つこともそうですが、資金力のことです。美味しい話は待ってはくれません。あなたが投資しないのであれば、他の誰かがすぐに買ってしまいます。

　では、どのようにして「買える人」になるかですが、自分のBS（バランスシート＝貸借対照表）を綺麗にすることです。自分の持っている現預金のみで買えない場合は、金融機関から借りてでも投資したいのですが、そもそも融資が付くのかという観点で、以下の図をご覧ください。

　投資家ABいずれも、簿価では純資産1億5000万円持っている富裕層です。
　投資家Aは、保有している国内不動産から家賃収入が年間4000万円入ってきていますし、他にも海外に値上がりの期待できる不動産を持っ

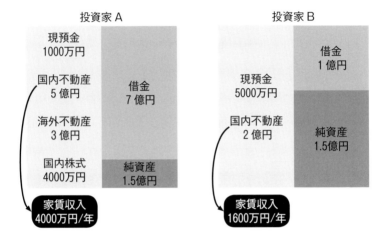

ていて、株からの配当やキャピタルゲインも期待できる状況です。7億円の借金をすることでレバレッジを利かせて資産を大きくして、インカムゲインを増やしている投資手法です。

　投資家Bは、一部借金をしているものの、保有する不動産の50％の融資としています。現預金も厚めにしており、レバレッジはそこまでかけていません。

　投資家Aと投資家Bを比べた場合、PL（損益計算書）はAに軍配が上がるでしょう。家賃収入だけで4000万円と1600万円の差ですので、収入はAの方が多いです。

　ですが、金融機関がどちらに融資したいかと言えば、答えは投資家Bとなります。

　おそらく、投資家Aに融資してくれる金融機関はなかなか見つからないと思われます。理由は、Aが債務超過と思われるからです。

　債務超過とは、企業の負債総額が資産総額を上回る状態を指します。すべての資産を手放したとしても債務を返済しきれない財務状況であるため、倒産する可能性が高いと判断されます。もっとも、債務超過になっても即座に倒産するわけではありません。A には、期限の利益（本章 2 項 B を参照ください）がありますので、賃料収入の多い A が返済不能になることは現実的には無いでしょう。

　ところで、簿価では A の純資産は 1 億5000万円あるにもかかわらず、なぜ債務超過と評価されるのでしょうか？　それは、金融機関は不動産や株式について、簿価ではなく、金融機関独自の担保評価というものをして資産の金額を計算し直すからです。

　A の資産のうち、国内不動産の 5 億円というのは購入した金額から建物の減価償却分を減じていった数字ですが、実際に金融機関が評価する際はもう少し低くなります。簿価の 8 割程度になるのが通常です。国内株式については、東証一部上場企業の株式であっても、簿価の 6 割と評価する場合もあります。そうなると、国内不動産は 4 億円、国内株式は2400万円程度と評価される可能性があるのです。

　加えて、海外の不動産については、国内の金融機関は評価を見ない＝ 0 円と評価するのが通常です。債務者に何かあった際に、海外の不動産を競売にかけて貸付金を回収するノウハウがないからです。

　そうすると、結局 A の持つ資産は、現預金1000万円＋国内不動産 4 億円＋国内株式2400万円＝ 4 億3400万円となる一方で、借金は 7 億円ですので、純資産はマイナス 2 億6600万円の債務超過と判断される可能性があるのです（※）。

　他方で、投資家 B については、現預金5000万円＋国内不動産 1 億6000万円（簿価の 8 割評価と仮定）＝ 2 億1000万円の資産に対して、借金は 1 億円ですので、純資産 1 億円以上あると評価されて、金融機関の融

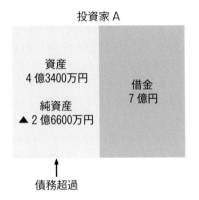

資の対象となりやすいのです。

「BSで投資しろ」というのは、（投資家Bのように）自分のBSを綺麗にしておき、いざという時に金融機関からの融資を受けやすい状態にしておきましょうという趣旨です。

> ※金融機関の担保評価手法は公開されているわけではないですし、金融機関ごとに異なりますが、概ねこのようになると思います。

9 最初の塊を用意せよ

前項で、私が「投資家Bの方が融資を受けやすい」と申し上げたもうひとつの理由は、Bが手厚い現預金を持っていることです。昨今の金融機関の情勢に鑑みれば、自己資金をある程度投入できないと融資を受けるのは難しいです。

では、そのような現預金の「塊」は、どのように作るのでしょうか？

　特に、投資が初めてという方や、現預金がほとんどないという方にとっては、「最初の塊」を作ることが投資の準備活動となります。最初に投資の世界にエントリーするために必要な「塊」をどのように作るか。これが投資の最初の壁になります。

　堀塾の塾生のみなさんが最初の塊をどのように作ったのかを分類すると、だいたい次のようになります。

　まず、本業の B（ビジネスによる収益）や E（会社の給与）、S（個人事業の収入）で稼いで貯めています。これが基本です。投資の前にこれら本業に力を入れることで、投資対象のビジネスを理解することにもつながり、投資の成果を上げることにもつながります。

　次に多いのは、株や仮想通貨などでキャピタルゲインを得た人です。これはコロナ禍による株価の上昇の波に乗った結果です。これからの相場で、株式投資で多くのキャピタルゲインを得るのは難しいと思いますので、参考程度としてください。また、仮想通貨はまだ市場が成熟していないので、流動性の点で疑問があり（本章 2 項 D 参照）、私は手を出していません。

　そして、現在、地方の築年数の古い物件をインカムゲイン目的で持っていたり、海外に物件を持っている投資家にとっては、これが最も再現性が高いと思いますが、保有している不動産を売却するという方法があります。

　前項の投資家 A のケースでは、国内不動産も海外不動産もいずれも簿価程度で売却してしまえば、資産は現預金1000万円 + 売却による手残りで 1 億円（5 億円 + 3 億円 − 借金 7 億円）と、大幅に増やすことができ

ます。

　中には、かなり以前から保有していたので、借金の返済が進んでいて、売却と同時にほぼ売却代金相当の現金が増えたという人もいます。安い時期に取得していた場合は、単純にキャピタルゲインも出ることでしょう。

　極端な話をすれば、自宅を売却するのも一つの方法です。売却して住宅ローンを返済して、現金が残るのであれば、最初の塊を作ることが可能です。

　このように持っている不動産を売却するという事は、現金が増えるという意味もありますが、借金が減ることにもつながりますので、より融資を受けやすい状況となります。

　また、経営者の方で、ご自身の会社を売却した方も一定数いらっしゃいます。会社をM&Aで売却する手法については、本章2　Aで述べました。最初は簡単な個人事業でもよいので、ご自身のビジネスを立ち上げて、収益を生み出したタイミングで会社ごと売却してしまえば、最初の塊が作れます。この方法が今後流行ると思います。

　さらに、サラリーマンの方でも、自社がストックオプションを発行していれば、会社の成長とともに一気に株のキャピタルゲインを得ることができるかもしれません。就職する際には、ストックオプション付与の有無で会社を探してみてもいいでしょう。

　あとは、親からの相続というのも、意外と多い例です。使い道のない土地を相続してしまったら、売却してまとまった現金を用意するというのもひとつの方法といえます。

10　何のために投資をするのか？

　ここまでで、ビジネスと投資をマスターするために必要なマインドの持ち方を説明してきました。

　本項では、そもそもビジネスや投資を何のためにするのかという根本的なお話をしていきます。本項が本書で一番重要な箇所になりますので、何度も繰り返し読んでいただきたいと思います。

・ビジネスと投資をマスターする理由は、お金と時間を得るためです。
　　　↓
・お金と時間を得るのは、幸せな人生を送るためです。
　　　↓
・幸せな人生とは、①人間関係を充実させ、②健康を保ち、③安心感を得て、④自由を手にして、⑤自己成長もしながら、⑥他者にも貢献していくことです。

　①～⑥を満たすという幸せな人生を送ることが目的であり、お金と時間を得ることは手段に過ぎません。

　人は誰しも、お金や時間そのものが好きなわけではなく、お金と時間を使って旅行などの思い出を作ったり（①人間関係）、お金と時間を使って②健康を維持したり、お金があることで③安心感を得たり、お金があることで選択肢を増やしたり、そもそも時間があれば好きなことができて（④自由）、お金と時間を使って⑤自己成長する新しい取り組みや勉強もできて、お金と時間を使って他者にも貢献できる（⑥他者貢献）ということを望んでいるのです。

これを図にしたものが以下です。

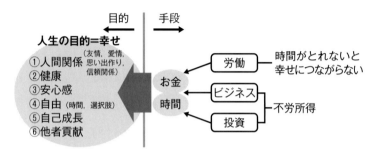

身近な例として白川陸斗くん（2021年からトライフォース赤坂所属）のことを挙げます。

以前、彼がRIZINの試合に出た際に、私がセコンドに付きました。そのとき、彼は東京で一人暮らしで、大阪の家族とは別居していたので、私の方から「家族を東京に呼びなさい。家族と一緒に住む時間は、何よりも大切にしないといけないのだよ。家賃が上がる分は僕が出すから、今より広い部屋に引っ越して」と話をしました。

その後、彼の家族も上京することができて、彼のYouTubeチャンネル「りくちゅーぶ」に出演したりもするなど、今は楽しく幸せな時間を過ごしているようです。

なぜ、ビジネスと投資をマスターする必要があるかというと、キャッシュフロー・クワドラント左側の労働収入ですと、お金も稼げず、何より時間が捻出できないからです。幸せになるための手段としてのお金と時間が確保できない以上、早急にキャッシュフロー・クワドラントの右側へ移行するのがお勧めです。ビジネスも投資も、自分がその場にいなくても回る仕組みができてしまえば、時間の捻出は容易です。

　他方で、たとえビジネスと投資をマスターして、お金と時間を手にしたとしても、それを目的である「幸せな人生を送ること」に使わなければ全く無意味です。ビジネスと投資で成功すること自体が目的になってしまって、そこで成功しても、結局、また新しいビジネス・投資に時間を使ってしまい、家族や友人との時間を作らない人がいますが、①人間関係の思い出が何も無いという人生で幸せと言えるでしょうか。

　成功しても、幸せでなければ意味がないのです。

　これは、実は少し前までの私のことです。

　私はこれまで、ビジネスと投資で成功することが最優先事項であるとして突っ走ってきました。

　しかし、このままでは、私は死を迎える際に、「大切な人たちとの時間・思い出作りを優先しなかった」ことを後悔し、「働き過ぎなければよかった」と思うだろうなと予見したのです。

　人生で最も大切なことは、上記の幸せな人生のうちの①人間関係を充実させることであると思うに至ったのです。人間、最期に残るのはお金ではなく、人との思い出なのです。そこからは、今しかできない経験に時間とお金を使うことを決めました。

　どうかこの本を読んでビジネスと投資をマスターし、お金と時間を手にした先には、そのお金と時間を使って幸せな人生を送っていただきたいと思います。

第5章
成功者がしている10の習慣

　お金持ちの人とそうでない人とでは、普段の習慣が全く異なります。

　本章では、私や私の周りの成功者がしている習慣を10個取り上げていきます。日常的にこの10の習慣を取り入れていけば、成功しない方が難しいでしょう。今すぐに取り入れていただければと思います。

1　主体的に生きる

　最も重要な習慣は、スティーブン・コヴィー『7つの習慣』（キングベアー出版刊）の第1の習慣「主体的に生きる」です。

　主体的に生きるとは、人間として、自分の人生の責任を引き受けることである

　私たちの行動は、周りの状況ではなく、自分自身の決定と選択の結果である

　この習慣を身につけるのはなかなか難しいですが、もしも習慣にすることができれば、自分の身に起きる全ての不幸な出来事を解決します。また、ビジネスと投資の成功の確率を格段に上げることができます。

　たとえば、私はかつて、自分の Twitter で炎上したことがありました。

　2021年6月14日の RIZIN で、未来くんとクレベル・コイケ選手が試合をして、未来くんが失神負けをしました。その後、こちらの控室にクレベル選手がやってきました。丁寧な態度でお互いの健闘を称え合いつ

つ、肩を抱き合って、「いずれまた再戦しよう」と約束する感動的なシーンでした。涙脆い私には、ジーンと来るものがありました。

　ところが最後、陽気なクレベル選手は、「ワタシ YouTube 始める。あなた、ワタシの YouTube 助けて」と、片言の日本語で言い残して帰っていきました。これは、私の笑いのツボにジャストミートしました。

　というのも、試合前のクレベル選手は、未来くんや斎藤裕選手（初代RIZIN フェザー級チャンピオン）に対して、「あの人たちはファイターじゃないね。YouTube ばかり！」と煽るような発言を RIZIN 公式のドキュメンタリー内でしていたのでした。どの口が言うんだと（笑）。このような笑いのセンスのある選手を多くの人に紹介したい。この面白さを多くの人に共有したいと思って、その様子を Twitter にアップしました。

堀鉄平@闘う弁護士
@horihudosanjuku

このとき、クレベルは何と言ってきたと思いますか？

「ワタシYouTube始める。あなた、ワタシのYouTube
助けて。」

#クレベルコイケ
#朝倉未来
#堀鉄平
#三角絞め

午後10:13・2021年6月14日・Twitter for iPhone

　このツイートに対しては、6000件近い「イイね」がついて、インプレッション数（表示回数）は180万件となっており、多くの方に見ていただいたのですが、なぜか炎上してしまいました。

　コメントは239件、リツイートは1000件近くになっていて、内容は（当時、クレベル選手はYouTubeを開始する前でしたので）「クレベルがYouTubeを始めるわけがない、でたらめを書くな」とか、「セコンドについたお前が、選手が失神負けしているのに不謹慎だ！」などと散々批判されたのです。

　このとき、主体的に生きる習慣がない人は、「なんかやばいこと書いちゃったな」とか、「200万人近い人に対して、恥ずかしいツイートをしてしまったかも」という気持ちになって、慌ててツイートを削除してしまうこともあると思います。外部からの声と、その時の自分の感情に、「反応」してしまうのです。

　しかし、私は、以下のようにこの問題を捉えました。
・6000人近い人が「イイね」と押してくれているということは、やはりこのような裏話を聞きたがっているファンは多いし、面白さを理解してくれる方も多い。ツイートをしてよかった。
・とはいえ、一般のファンの方、特に未来ファンからしたら、応援している選手が壮絶な負け方をした直後に、仲間である私がふざけたツイートをするのは「信じられない」という気持ちになるんだなと、ファンの気持ちを理解するきっかけになった。
・SNSはマーケティング用にやっているのですが、顧客心理を理解する上で勉強になったし、今後の自分のビジネス、投資に、今回の顧客心理の分析を生かしていこう。

　もはや、Twitterが炎上したとも思っていないのです。炎上したかどうかは、私自身が決めることです。

　エレノア・ルーズベルト（フランクリン・ルーズベルト大統領夫人）は言います。

　あなたの許可なくして、誰もあなたを傷つけることは出来ない

　批判や誹謗中傷は、単に、その人が物事をそのように考えているという一意見に過ぎません。あなたの価値や人格とは全く関係がありません。また、その人たちがあなたを物理的に攻撃してくることもありません。

　ツイートに対する誹謗中傷や、批判的なコメントを見て、傷ついたり、後悔するのは、自分がそのような感情になることを選択しているからなのです。

　他人からどう思われているかではなく、自分が自分のことをどう思っているのかが重要だということです。

　成功者は、外部の声や自分の感情さえも、自分の内面の価値観（今回の私で言うと、「SNSはマーケティングの材料」）に基づいて、自分自身をコントロールします。

　これを主体的に生きると言います。

　外部の声や、その時どきの自分の感情に対して、そのまま反応してしまう人を「反応的な人」と言いますが、これはある意味、動物と同じだと『7つの習慣』では書かれています。

　人間を人間たらしめているのは、今やっていることや感じていること

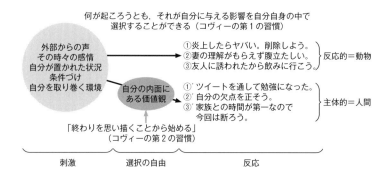

何が起こ ろう とも， それが自分に与える影響を自分自身の中で
選択することができる（コヴィーの第1の習慣）

外部からの声
その時々の感情
自分が置かれた状況
条件づけ
自分を取り巻く環境

自分の内面に
ある価値観

①炎上したらヤバい。削除しよう。
②妻の理解がもらえず腹立たしい。 ⎫ 反応的＝動物
③友人に誘われたから飲みに行こう。⎭

①′ ツイートを通して勉強になった。
②′ 自分の欠点を正そう。 ⎫ 主体的＝人間
③′ 家族との時間が第一なので ⎭
　　今回は断ろう。

「終わりを思い描くことから始める」
（コヴィーの第2の習慣）

刺激　　　　　選択の自由　　　　　　　反応

にどのような意味があるのかと、「自覚」できることにあります。外部
の環境や自分の感情と、自分のなすべきことを切り離して考えることが
できるというのが、人間と動物の決定的な違いなのです。

　夫婦仲が上手くいっていないときに、「なぜ妻はわからないのか！」
と怒ってしまう人は反応的な人です。それに対して主体的な人は、「結
婚生活というのは、まずは自分が相手にとって最高の理解者であり、最
高のパートナーとなることによって、初めて成功するものだ」という自
分の価値観があって、それに基づいて自分の感情をコントロールするな
らば、まずは自分の欠点は何だろうか？　と自問することになるでしょ
う。

　問題が自分の外にあると考えているのであれば、その考え方は間違っ
ています。
　問題は自分の中にあります。

　友人が飲み会の誘いをしてきたところ、たまたま予定が空いているか
らといって約束をする人は、反応的な人です。それに対して主体的な人

は、「誰もが限られた時間というリソース。家族や子供と過ごす時間は
プライスレス。子供の成長はあっという間であり、今のこの時間は返っ
てこない」という価値感があって、それに基づいて自分の行動をコント
ロールするならば、飲み会は丁重にお断りすることになるでしょう。

　この自分の内面にある価値観というのは、経験を積むことで洗練され
ていきます。
　したがって、その時どきで価値観は変わり得ますが、絶対に変わらな
い価値観というものも存在します。日本国憲法のように、変えるにして
も、かなりハードルの高い手続きを要して、ほとんど改正されないとう
価値観です。

　それは、死を意識した際に明確になります。厳しい状況に置かれると、
人は全く新しい視点から世界を眺めるようになります。
　それまでは仕事で良い結果を残したり、友達がたくさんいた方が幸せ
で、お金も稼げるだけ稼ぐことが正義だと思っていた人が、死ぬ直前に
なって、大切な人達との時間を優先しなかったことを後悔したり、「仕
事をし過ぎなければよかった」と後悔することはよくあります。
　したがって、『7つの習慣』では、「終わりを思い描くことから始め
る」ことを第2の習慣として紹介しています。
　自分の葬儀で述べてもらいたい弔辞を真剣に考えてみなさいというの
です。

　死を意識すると、優先順位が明確になります。死ぬ際に後悔しないよ
うに自分の憲法・価値基準を決めておき、それに従って主体的な生き方
をするようにしましょう。

2 ゴールを紙に書く

前項の最後に、自分が死ぬときのことを想像して、自分の揺らぐことのない価値基準・憲法を作りましょうというお話をしましたが、それをそのまま紙に書くことが重要です。

ナポレオン・ヒルの『思考は現実化する』（きこ書房刊）では、自分が実現したい具体的な願望とそのための代償、最終期限、そして詳細な計画の4点を「紙に詳しく書く」こと、そして、1日に2回、起床直後と就寝直前にその紙を声に出して読み上げることの重要性を説いています。

多くの成功者がゴールを設定し、それを紙に書くことの重要性を語っていますが、なぜでしょうか。

そもそもゴールを設定しないというのは、タクシーに乗る際に、行き先を告げないようなものです。行き先を告げないまま「とりあえず進んでくれ」というケースもあるかもしれませんが、それではどこに到着するのかは運転手任せとなりますし、まさに人生の迷子になってしまうことでしょう。

そうではなく、自分は、「どういう仕事をして」「どれくらい稼いで」「誰とどういう人生を歩みたいのか」について、明確に運転手に告げるのです。そしてその際には、「何時までに必ず到着してくれ」と明確に伝える必要があります。そうすれば、途中渋滞にはまることもあるかもしれませんが、上手く迂回して、時間通りに到着するように最善を尽くしてくれるでしょう。

そして、ゴールを設定したら、次に紙に書く作業が重要です。

　というのは、ゴールは、ふわっとしていると到達できません。ゴール
を具体的な内容に落とし込む上でも、紙を使って考えるのは大事です。
書いてみると、まさに思考が現実化します。途方もない目標を掲げてし
まったとしても、それを紙に書けば実現可能性は自ずと見えてきます。
その難しさも、より具体的にわかるようになるのです。

　紙に実際に書き出すことで、「そのゴールにたどり着くための最も早
い方法はなんだろう」と考えるようになりますし、「本当に欲しいのは
違うゴールだった」ということも起こるでしょう。書いていくことによ
って理解が深まっていく上に、自分の深層心理にも刷り込まれていきま
す。

　そうなると、無意識のアンテナが張られるようになるのです。日々の
生活で触れる情報のなかでも、自分の目標に関係しそうな情報を自然に
拾うようになります。

　司法試験の時にも、弁護士事務所を立ち上げるときにも、私はその目
標を紙に書いていました。「この年の何月何日に独立開業する」みたい
なことをまず紙に書くわけです。すると、では開業には何が必要なんだ
ろう。売上はいくらあればいいのか。そのためには何をするべきか。そ
ういうことを自然に考えるようになります。

　そのゴールに対してボトルネックになるような課題があったとすると、
その課題を解決するための方法を常に意識するようになります。ほかの
人が何か話しているのを聞いて、「それは取り入れられそうだな」とか。
ただ情報を取り込むだけでなく、取り込んだ情報のすべてが「その課題
をどうクリアするか」についての情報のように思えてくるのです。

　日常的に考えていることが、あなたの人生を作ります。
　成功者は、上記のように自分の夢や目標を紙に書いているので、それ

に関連する事柄を深層心理で日常的に考えています。そうすると、チャンスが舞い込んでくるようになります。

これに対して、成功しない人は、「いつかいいことが起こりますように」とか、「次の休みに何をしようか」とか、「月末の支払いはどうしようか」などという考えで頭の中が埋め尽くされてしまい、具体的なゴールやそこに至る方法を考えていません。

それどころか、批判されている人を見つけては、それに便乗してしまい、他人のことを否定することばかり考えて生きている人もいます。大きな問題になった例では、プロレスラーの木村花さんを誹謗中傷してみたり、皇室の方と結婚した小室圭さんの悪口を言ってみたりと、SNS上にはやたらと攻撃的な人がいます。そのようなネガティブな感情で脳が埋め尽くされてしまうと、そちらに意識が引き寄せられてしまい、成功のアイデアが生まれる余地はありません。他人の悪口を言うために、脳のリソースを使い果たしてしまうのは、とてももったいないです。

したがって、まずは自分のゴールを決めて、そのゴールに向けて、今年やること、来年やること、再来年やることなどを全部決めて、紙に書くことが重要です。大目標、中目標、小目標を書き出して、週に1回は必ずそれをチェックします。やるべきなのにできていないことがあれば、すぐに着手したり指示を出したりします。それが習慣になっていることが大切なのです。

ちなみに、書くときに使っているのは、私の場合は何かの裏紙です。ノートでもいいのですが、何度も書いては捨ててを繰り返すので、躊躇なく捨てられるように裏紙を使っています。そうした紙を30枚くらい、クリアファイルに入れて常に持ち歩いています。ゴールに関連するアイ

デアは、いつ何時生まれるか分かりません。そのようなときに確実に紙に記録して、逃さないためにも、常に紙を持ち歩く必要があります。

　昔は手帳の白紙ページを使っていました。ただ、ゴールが 1 年スパンではなくもっと長期になっていくにつれ、1 年で持ち歩かなくなる手帳はあまり適さないと感じるようになりました。それで、スケジュール管理と目標管理を分けることにしたのです。

　このゴールが更新されたり、アプローチを思いついたりするのは、旅行中や移動中であることが多いです。
　旅行の際、ビジネスクラスでゆったりと移動しているときなんかに、非日常的なわくわくとリラックスの状態にひたりながら、ゴールを確認します。ゴールは前向きなものなので、ゴールを考える時間は気分としても楽しいものです。普段は目の前の仕事が忙しかったりもするので、まとまったゆっくりとした時間だからこそその楽しみと言えるかもしれません。

　旅行は本当に好きで、海外だけでも年に 2 回くらいは行っていました。国内も 3 ヶ月に 1 回は行きます。ですので、だいたい 2 ヶ月に 1 回くらいはそうした移動時間でリフレッシュしながら目標を確認する時間をとっています。

　ゴールを考える際に、本をたくさん読んで、アイデアを得てください。
　ちなみに、本は読んで終わりだと忘れてしまいます。
　なぜ忘れるかというと、あまり深く理解していないからです。深く理解し、その内容が自分にとって当たり前になれば、忘れることはなくなります。

その状態に至るためには、やはり書くことが大切です。本の内容を図解し、自分で一から再現してみる。ただノートに本の内容を書き写すだけではダメで、自分の言葉で再構築する必要があります。それは文章でもいいのですが、図解の方がごまかしがきかないのでおすすめです。

そもそも、著者の言うことが理解できていなければ図解はできません。言葉を図に変換するためには、自分の中で一旦内容を咀嚼する必要があります。この過程を経ずに本を読み終わっても、後にはほとんど何も残らないでしょう。

本を読んで図に描いた事例としては、堀塾ちゃんねる「【論語と算盤】〜堀鉄平流〜読書術【渋沢栄一】」をご覧ください。

3　朝の気は鋭、昼の気は惰、暮の気は帰なり

生産性を高めるには、時間の使い方に自覚的になる必要があります。なかでも大事にしたいのが、一日のうち、どの時間にどんな作業を割り当てるのかというタイムマネジメントの考え方です。

タイムマネジメントについて考えるときに、私が大事にしているのは孫子の兵法にある次の言葉です。

朝の気は鋭、昼の気は惰、暮の気は帰なり

この言葉は、1日の中で徐々にパフォーマンスが落ちていくという考え方を端的に表現したものです。

朝起きたばかりの時間は脳もまだフレッシュで身体も疲れておらず、一番パフォーマンスが発揮できるゴールデンタイム。昼はご飯を食べて

満腹感もあり、少し眠くなってパフォーマンスが落ちます。このあたり
は、決まった時間にお昼休憩のある仕事の方はよく実感されているので
はないでしょうか。夕方以降は、疲れも出ているのであとは帰って寝る
だけです。

　孫子が活躍していた時代の戦争では、朝は対戦相手も気力十分なので、
あえて疲れている夜を狙って攻めるのがいい、という話のようです。

　現代人にとっては、大事なのは相手というよりは自分の気力ですから、
朝に大事な仕事を入れるほうがいいわけです。

　私の1日のスケジュールは以下の通りです。

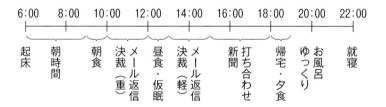

　私が1日のなかでとりわけ朝の時間を大切にしているのは、この
「鋭」の気を活かしたいからです。朝に3時間くらいまとまった時間が
とれると、かなり生産性が高まります。私の場合はだいたい6時から9
時ぐらいです。

　朝に行うべきなのは、前項で紹介したゴールについて考えたり、0か
ら1を生み出したりするような仕事です。自分の中にないものを必死で
考えたり、知恵を絞ってアイデアを出したりという作業は、朝にしかで
きません。今後のビジネスの事業計画や、講演や講義の内容などもここ
で考えることが多いです。

　その後、9時に朝食を摂って10時に出社します。午前中はメールの返

信や部下の決裁のうち難易度の高いものを返していきます。

　昼食をとると、やはり眠くなります。ですので、私は毎日昼食後に5分ほど仮眠をとるようにしています。これも効果が大きく、仮眠から目覚めると多少朝の「鋭」の気が戻ったような感覚になります。そこでまた少し仕事を進めます。午後はメールの返信や決裁のうち、難易度の低いものを処理します。

　ただ、15時ごろからはだいぶ疲れも溜まり、頭も働かなくなってきます。この時間帯には、新聞を読んだり打ち合わせを入れたりすることが多いです。打ち合わせや面談は、0から1を生み出すわけではなく、自分の中にあるものを引き出して回答すればよいので、多少疲れていても問題なくこなせます。この時間に新しいことを考えようとするのはなかなか大変です。そして、18時には帰宅して夕食を摂り、お風呂に入ったりゆっくりして、22時には寝るようにしています。

　この流れを基本として、朝練をやる際は、朝8時〜10時までがトレーニング、週3で16時〜ウエイトトレーニングをする日があったり、夜に飲み会が入ったら帰宅が21時頃になる日もあります。クライアントの都合で、打ち合わせが午前中になることもあります。

　いずれにせよ、朝のゴールデンタイム重視なので、夜は22時には寝ます。従って、帰宅はどんなに遅くても22時ですし、夕食はその3時間前の19時には食べ終わっているのがベストです。寝る直前に食べると睡眠の質が下がってしまいます。そして朝は6時ごろに起きます。睡眠時間はだいたい8時間を確保しています。

　夜型がお勧めできない理由は、朝の「鋭」の気をうまく活用できないからです。それほどまでに、朝のフレッシュな状態の時間は大事です。

　会社勤めの方で、朝の時間を通勤に使ってしまっていてまとまった時間がとれないという方は、職場付近に引っ越して、朝時間を確保することをお勧めします。

　こうしたタイムマネジメントは、司法試験の勉強時から多少意識はしていました。昼食をとったら仮眠をとるとか、思考が必要な勉強は朝にやるとか、暗記物は夕方にやるといった具合です。

　最近も、朝のゴールデンタイムの凄さを実感しました。悩み続けてきた問題が、さっと解決する糸口を思いついたのです。

「堀塾の塾生さんで融資に苦戦している人を助けたい」というのが、私の頭の中にずっと残っていた懸案事項でした。金融機関に対して当社が保証で入るとか、銀行自体を買収するとか、色々なことを考えていたのですが、なかなか上手くいかないなあと何日か悶々と考えていたのです。

　しかしある日の朝、起きた直後に「そうだ、金融 2 種の免許を持っている会社を買収しよう」とぱっと解決策を思いついたのです。何時間もうんうん考えても結果が出なかったことが、寝て起きただけでぱっと解決したのです。もしほかに心配事があったり体調の悪さに振り回されたりしていていたら、きっと思いつかなかったでしょう。

　朝の「鋭」の気は、格闘家の試合前の状態に喩えられるかもしれません。試合前は、やはり精神や肉体が研ぎ澄まされています。それに近い心身にとってベストな状態をいかに安定的に作れるかということです。良質な睡眠を得て体調を整えることで、朝に起きたら勝手にアイデアが出る状態にする。それが何よりも大事なのです。

　偉そうに語ってしまいましたが、私自身も朝型に変わったのはここ 3 年ほどです。

　そもそも、雇われ弁護士時代はずっと夜型で、ひどく不摂生な状態でした。夜遅くまで仕事をして、そのまま飲み歩いて、翌朝はギリギリまで寝て、10 時ごろに事務所に行くという生活でした。食事も何も考えていませんでしたし、20 代の若さで乗り切っていました。今考えれば、減

量なんかも完全に自己流でやっていましたので、不健康極まりない生活でした。

朝型に切り替わったきっかけは、実は未来くんです。彼は超朝型で、朝に練習をする習慣があるのですが、一緒に付き合って練習しているうちに自然に自分も朝型になっていきました。その過程で、朝早く仕事をすると効率がよいことに気づいていったのです。

朝練をきっかけにして、夜飲み歩くこともなくなっていきましたし、今は人生で一番気力が充実しているように感じます。

4　超回復を繰り返し、心身を鍛え抜け

トレーニングの世界には「超回復」という概念があります。

身体を鍛えるとは、筋肉に負荷をかけて傷つけ、その修復力を利用して筋肉をより強く大きく育てることとも言えます。回復を通じて、もともとの筋肉よりも強くなる現象を、「超回復」と呼ぶのです。

一度瀕死になると劇的に強くなる『ドラゴンボール』のサイヤ人のようなもので、トレーニングでボロボロになって、休息して、を繰り返すことで、身体はどんどん成長していきます。

運動の良いところは、自動的に習慣を整えるプラスのサイクルが回り始めるところです。

一度身体を鍛え始めると、自然と節制をするようになります。意志が強くなったからというよりは、「せっかく身体を鍛えているのにもったいない」という気持ちが出てくるからです。いくらハードなトレーニングをしていても、食べ過ぎたり深酒したり、夜更かしをしたりすると、一気に台無しになってしまいます。糖質の多いお酒なんかも避けるようになりますし、煙草も吸わなくなります。

　不健康な習慣を自分の意志やマインドで矯正するのはとても大変です。しかし、スポーツにはまったり身体を鍛え始めたりすると、それだけで自然に自分の習慣が整っていくのです。

　たとえ意志が弱くても、トレーニングを起点にすれば、プラスのサイクルの中で自分を変えていくことができます。

　朝型への転換も同じです。いきなり早寝早起きをしようとしても、身体と意志がついてきてくれません。どうしてもずるずると夜更かししたりしてしまうはずです。しかし、トレーニングで心地よい疲労が溜まっていると、むしろ起きているのが難しくなります。自然に早く寝るようになるので、意志の力を使わずとも朝の「鋭」の状態を作れるようになるのです。

　経営者でトライアスロンや筋トレをやっている人が多いのも、こうしたトレーニング起点の習慣矯正メカニズムを意識している方が多いからだと思います。

　これから運動を始めたい人におすすめなのは、たとえば筋トレとスパーリングです。

　筋トレは、テストステロンも出ますし、効果がわかりやすいので自己肯定感にも繋がりやすいはずです。家でも手軽にできるので、継続しやすいというメリットもあります。

　スパーリングについては、1対1の真剣勝負のスポーツであれば他のものでも構いません。「気を抜いたらケガをするかもしれない」という緊張感の中で、相手と対峙しながら身体を動かすと、心身が研ぎ澄まされていきます。こうした実践的なトレーニングは、集中力を鍛え、ミスに対しての意識を敏感にする上で大変効果的です。なかなか取り組む機会がないかもしれませんが、責任の重い仕事をされている方にもお勧めしたいです。

　ふたつのトレーニングを紹介しましたが、片方しかやらないと偏ってしまうと思います。

　筋トレのような身体を鍛えるトレーニングは、いわば本を読むのと一緒です。実践の場から離れたところでじっくり鍛えるのも大事ですが、ともすれば自己満足に陥りかねないところもあります。

　実践感覚を養うには、やはり対戦型のトレーニングも取り入れてもらいたいです。もちろんスパーリングだけだと、基礎をおろそかにしたまま実践に向かっている状態なので、あまりお勧めはできません。

　やはり両輪でこなしていくことで、初めて力がつくものだと思います。

　どうしても時間がないという方向けに、ヒートトレーニングをお勧めします。私オーナーの「トライフォース溜池山王」と「トライフォース赤坂」に併設する形で、「ヒートジム溜池山王」、「ヒートジム赤坂」というジムがあります。

　インターバルトレーニングと言って、30秒〜40秒の高負荷のトレーニングと20秒程度の休憩を交互に繰り返しつつ、心肺機能強化、筋力トレーニング、脂肪燃焼を同時にこなします。正味10分程度で、前後のストレッチや補強の腹筋トレーニングなどを入れても、30分程度で終了します。多忙な社会人の方がぱっと来て、短時間だけトレーニングして、さっと帰るというパターンが多いです。

　頻度は、週3回ぐらいがベストかなと思います。働きながらで時間がない人も多いと思いますし、別に格闘家になるわけでもないので、月水金だけやって土日はお休みでも十分です。

　ちなみに食事については、タンパク質と野菜を多めに食べながら、糖

質もしっかりとっています。ダイエットが目的なわけではなく、心身を健康にし、しっかりと動ける状態を整えることが目的なので、糖質は無闇にカットしません。ですので、ごはんもしっかり摂ります。パンは脂質が多いので避けることが多いです。デザートについても、脂質の低い和菓子などは OK としています。

　月並みですが、バランスのよい食事を 3 食とるのがなんだかんだで一番です。

　運動を起点にしつつ、食事にも気を配るようにすれば、身体作りはばっちりだと思います。私の体内年齢は常に30歳程度でキープできています（実年齢は45歳です）。

　私自身も、最初から身体が仕上がっていたわけではなく、中高生のときはガリガリで、いかにも自信のなさそうな青年という感じの見た目でした。大学時代に引っ越し屋を始めて身体が強くなり、やっと多少自信を持てるようになりました。それまでは、不良が近くにいると目をそらしてしまうような小心者だったのです。

　身体が不健康だけどマインドが強靭、という状態はやはりなかなか想像できません。「健全な精神は健在な肉体に宿る」とも言うので、ぜひ気を配ってもらえればと思います。

5　基礎を固めよ

　本書を読んでいただいたり、ビジネスの勉強、投資の勉強をしたりするのは、いわば全て「基礎固め」です。

　私のオンラインサロンに入っていただいて、キャッシュフロー・クワドラントの右側に移行するための勉強をしたり、ビジネスモデルを考えてサロン生の前でプレゼンしたり、経営者の先輩と飲みに行って刺激を

受けたりアドバイスをもらったりという時間は、全て基礎固めの時間なのです。ビジネスモデルの発表をしても、ビジネスの形になっていないと軌道修正を求められたり、そもそもアイデアが思いつかなかったり、中には法律に違反するようなビジネスアイデアを考えてしまったというサロン生もいます。

なかなか結果が出ずに、サロンを辞めてしまうメンバーもいます。基礎固めをやっている最中に、なかなか結果が出ないので、途中で諦めてしまうのです。

このような基礎固めは、格闘家の基礎練習や体力作りと似ています。

格闘家は試合が決まると、走り込み、縄跳び、ミット打ちといった地味な基礎体力作りから始めます。いきなり対人スパーリングするというよりも、強度の高いスパーリングをするための基礎体力作りから入るのです。また、テクニックを習得するために、同じ動きを練習パートナーと何度も反復します。いわゆる「打ち込み」です。基礎体力作りや打ち込みは地味なトレーニングであり、面白いものではありません。

最初のうちは夜寝るときに身体に痛みを感じたり、朝起きても疲れが取れていない状態で、またトレーニングに行くというなかなか過酷な道程です。減量も並行してとなると、肉体的・精神的消耗は計り知れません。

ところが、以上のような基礎練習をみっちりやり遂げると、試合に近いタイミングで突如調子が上がってきます。超回復を成し遂げたのか、身体が前よりも強く、そして軽い状態。一気にブレイクスルーするのです。

格闘家は、途中で止めたりはしません。試合が決まった場合、応援してくれる家族や仲間、スポンサー、試合を組んでくれた主催者や対戦相

手がいるので、どんなに基礎練習が辛くても、投げ出す選手はまずいません。基礎固めの時期が長く、調子が上がってくるまで時間がかかりますが、超回復を待って調子が上がるのはわかっているので、やり遂げるのです。

トライフォース赤坂所属選手には朝倉兄弟に限らず、藤野恵実（現ストロー級キング・オブ・パンクラシスト）、白川陸斗（RIZIN参戦中）といったトップ選手がいますが、全員この基礎固めをしっかりやってきました。

ここで気をつけたいのは、こうした基礎固めのステップをしっかり取ったとしても、その時間や労力に単純に比例して結果が出るわけではないということです。

「やればやるだけ成果が出る」という安定成長では決してなく、しばらく結果に繋がらないままに模索する時期が続いて、突然どこかでブレイクスルーするのが常です。多くの人は、この模索期に諦めてしまいます。これは非常にもったいないことです。

これは建築に喩えてみると、さらに分かりやすいです。

たとえばある物件を建てるとき、序盤に必要になるのが地下を掘ったり杭を打ったりという基礎固めの工程です。実は、これが工期全体の半分を占めたりします。

すると、全体で1年程度の工事だとしても、地下を掘る工程だけで半年ぐらいかかったりするので、一見工事が全然進んでいないように見えるのです。事情をよく知らない施主からすると「大丈夫なのかな」と不安に思うかもしれません。

しかし、実際は、基礎固めが終わったら、その上に建物ができるのは

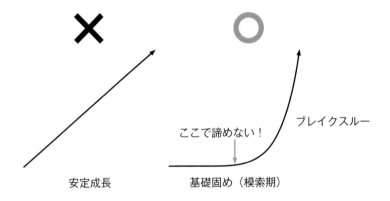

あっという間です。鉄骨にせよ鉄筋コンクリートにせよ、地下を掘る作業に比べたらはるかに速いスピードで上棟することになります。

身体作りの基礎を固めた後、一気にブレイクスルーするのと同じです。

ですので、起業するために現在基礎固めの勉強をしている方は、今は模索期であると認識して、途中で諦めることのないようにしていただきたいところです。

かく言う私も、弁護士として独立するとき、最初の３年でかなり基礎固めをしました。弁護士としても一通りのスキルを勉強して身につけるととも、人と飲みに行って知り合いを増やしたり、経営者の考え方に触れたり。本もたくさん読みました。弁護士としての技術向上ももちろんですが、雇われ弁護士から経営者へとマインドを変えるためには、それなりの準備期間が必要でした。

基礎固めの数年間をしっかりと耐えるには、第１項で紹介した主体性が必要です。自分の中で、「３年で成功する」という目標が固まっていれば、途中の段階で成果が出ずともメンタルが崩れることはありません。

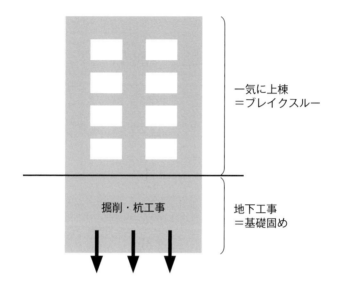

つらい修行期間を乗り切る意味でも、設定したゴールを見据えて、主体的に生きることが欠かせないものになるのです。

6　大切なことに集中する

人間は、潜在能力の10％も出し切れていないと言われています。

理由は、色々と手を広げ過ぎて、持てる力を分散させてしまっているからです。ビジネス自体を多角化して分散している例もありますが、多くの人がそれ以前の問題で、付き合いで飲みに行く、長電話をする、ゲームをやる、長時間 SNS に張り付いている、あるいは今日着ていく服を迷う。そういう成功に繋がらない無駄な時間が人生の大半を占めてしまうと、なかなか成功に向かって一直線に進んでいきません。

　成功する人は、持っている力をすべて一点に集中します。

　トーマス・エジソンは、以下のように述べます。
　成功に不可欠なのは、肉体的にも精神的にも疲労を溜めずに、ひとつの問題にエネルギーを注ぎ込める能力である

　これは本当に真理です。余計なことをたくさんして、肉体的にも精神的にも疲れた状態で仕事をしている人が多いと思います。その反対の状態が、自分のベストなコンディションを保った状態で、ひとつのことにすべてのエネルギーを注ぐという働き方です。

　私が司法試験に落ち続けていた時期は、この集中ということがまったくできていませんでした。勉強をしながら、自分の立ち上げた引っ越し屋を同時並行でやっていて、力が分散してしまっていました。勉強しようと思っても、電話がかかってくると仕事を受けてしまっていたのです。「司法試験に集中する」と決めて、一切ほかのことを考えない生活をスタートしたら、1年で合格することができました。やはりフォーカスすることが重要です。

　大切なことにフォーカスする場合の具体的なステップを図解します。

①　ゴールを決める

②　ゴール達成のための最も大切なポイントを見極める

③　そこに集中する
＝
欲しがりません。
勝つまでは。

　①ゴールを決める話は本章 2 項でお話ししました。思い描いてすらいないゴールを達成することはできません。締切りを設けて、紙に書いてください。

　②そのゴール達成に向けて、本当に必要なポイントを見極めましょう。日常の80％は成果に繋がらない行動だと言われています。いわゆるパレートの法則です。
「売上の 8 割は、全顧客のうち 2 割で生み出している」とか、「会社利益の 8 割は、全従業員のうち 2 割で生み出している」とか、「納税額の 8 割は、対象となる全住民のうち 2 割の富裕者層が担っている」などと言われています。

　たとえば、宅建試験を受験する際には、宅建業法と民法が配点の大部分を占めているので、そこだけに集中して勉強するという方法もあるかもしれません。
　また、来年中に起業するというゴールを設定した場合に、集客の方法は色々とあるが、最も可能性の高いのが LP 経由であることが分かったとしたら、LP だけ作成して広告に出すという事にフォーカスして、そこに記載するストーリー作りや写真の選別、商品説明のライティングなどに時間を費やすことになります。同時進行でチラシ配りや電話営業など手を広げると、力が分散しますし、焦点がずれてしまいます。

　自分のゴールの達成のために本当に必要なポイントは何なのか、ということを見極めましょう。

　③最も大切なポイントがわかったら、あとはそこに集中するだけです。

生活をシンプルにして、朝の時間も活用して、なるべく「鋭」の状態で
上記のポイントに集中しましょう。

　現在サラリーマンの人が、起業してビジネスオーナーとなり、さらに
たくさん稼いで成功しようと思うと、ここで必要な集中というのは、生
半可なものではありません。

　朝起きた瞬間に机の前に座り、ビジネスモデルを推敲するために何度
も何度も紙に書いては消し、書いては消してを繰り返し、Excelで数値
目標も作成して、関連する書籍を何冊も読み込まなければなりません。
会社へ出勤する際の電車の中でも、常に頭は起業に関することでフル回
転させ、中吊り広告に自分の事業のヒントになる記事がないかと探した
り、イヤホンでビジネスのヒントになるYouTubeを聴いたりと徹底的
です。会社の休憩時間も起業について考える時間としますし、退社後も
同僚と飲みに行くなどご法度です。

　大好きな彼女も、束縛が激しい相手であれば、もしかすると別れを切
り出す必要があるかもしれません。実家にしばらく帰っていなかったと
しても、帰省するのはもう少し先になるかもしれません。もちろん、あ
なたに盆も正月もありません。クリスマスも一人で牛丼を食べて、さっ
さと帰宅して起業の準備です。

　私は、まさに司法試験の最後の1年はこんな感じでした。朝から夜ま
で、食事とトイレ・お風呂以外の時間は全て勉強にあてていました。試
験合格後、しばらく知恵熱が続き、変な病気をもらってしまったかもと
心配したほどでした。燃え尽き症候群を経て、その後は逆に反動で遊び
続ける生活へ突入してしまいましたが、それほど過酷な1年を過ごした
ということです。

　戦時中に日本で、国民の戦意高揚を図る狙いで国が作った標語に「欲

しがりません、勝つまでは。」がありますが、まさにその境地です。

このように、①ゴールを明確に設定して、②最も大切なポイントを見極めて、③そこに集中すれば、たいていのことは成し遂げられます。成し遂げられない人は、ポイントがずれているか、集中が足りないのです。

ここまで、とにかく一点集中することの大切さについてお話ししてきました。とはいえ、「無駄をそぎ落とす」ことに抵抗がある人もいると思います。たとえば家族や友人との時間は大切にしたいとか、飲みに行って人脈や刺激を得ることも必要だという意見もあるでしょう。

家族や友人と過ごしてリフレッシュする時間はもちろん大切です。私が第 4 章「10　何のために投資をするのか？」でまさに述べた通りです。

これについては、以下のように整理してください。

さすがに毎日フル稼働していたら気力も落ちてしまうので、格闘家の減量で言うところの「チートデイ（※）」を設けて、週に 1 日程度は楽しい時間を過ごすことにあててください。チートデイに好きなものを無制限に食べることで、落ちてきた基礎代謝を上げることができ、逆に減量に良いとさえ言われます。

ただし、まだ何かを成し遂げようというステージの方は、集中する時間とチートデイの割合は、9 対 1 です。

これに対して、すでに成功していて、不労所得で時間とお金がある人は、仕事と幸せな人生を送るための時間（①人間関係を充実させ、②健康

を保ち、③安心感を得て、④自由を手にして、⑤自己成長もしながら、⑥他者にも貢献していくこと）の割合は、１対９となります。

　自分のビジネスや投資を「管理」する時間も必要なので、０にはできませんが、全体の１割程度で十分でしょう。

　人生において、前者の苦しい時代がずっと続くわけではありません。私で言えば、司法試験の最後の１年と、雇われ弁護士時代の３年程度です。ですので、そこは我慢して、集中して、なるべく早く成功して、後者の幸せな人生を送るための時間に大部分を使えるステージに移行しましょう。

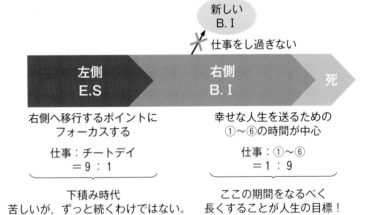

　左側
　E.S

右側へ移行するポイントに
フォーカスする

仕事：チートデイ
＝９：１

下積み時代
苦しいが，ずっと続くわけではない。

新しい
B.I

仕事をし過ぎない

　右側
　B.I

死

幸せな人生を送るための
①〜⑥の時間が中心

仕事：①〜⑥
＝１：９

ここの期間をなるべく
長くすることが人生の目標！

　※ダイエットなどを目的に食事制限をしている期間中に設ける、しっかり十分に食事をとる特例日。

7　サンクチュアリを持て

　右脳による閃きからしか成功は生まれません。

　すばらしいアイデアを閃くには、体力や気力が十分な状態で、かつリラックスしている必要があります。

　そうした状況を作るためには、サンクチュアリ（聖域）のような自分だけの居場所を持つことが大切です。

　周りが騒々しかったり、人に話しかけられるかもしれなかったりする状況では、なかなか没入することはできません。部屋が散らかっていたり、物が多かったりしても同様です。

　おそらく、閃きには右脳のスペースが必要なのでしょう。耳や目から入ってくるノイズが多い状況では、その隙間が埋まってしまって閃く余地がなくなるのだと思います。

　理想的には、物もなく静かな環境で、ゆっくりと考え事をしたりインプットをしたりできると、閃きが生まれやすいと思います。

　もちろん、家族と同居している人はなかなかそうしたサンクチュアリを確保することは難しいかもしれません。その場合は、ホテルやコワーキングスペースの個室などを居場所の代わりにするのも一つの方法です。

　ちなみに、「都会のサンクチュアリ」というコンセプトで、堀塾でマンションブランド（HJ PLACE）を展開していますので、写真でご紹介しておきます。

HJ PLACE の一室

　私自身は自宅の裏に１部屋スペースを持っていて、そこに本棚とテーブルとパワーラック（トレーニングマシン）を置いています。ほかには特に何もないので、ひとりで集中する時間を確保できています。

　講義の準備やウェイトトレーニングはここで行っています。この本の執筆も、まさにこの部屋で行っています。０から１を生み出すときには、やはりいかに集中できるかが鍵となります。

　閃きで事業が一気に進んだ例としては、「Breaking Down」がまさにそうでした。ある日、私は自分のサンクチュアリで久保優太選手のYouTube 動画を見ていて、リングのコーナーポストにスポンサーの名前が入っていることに気づきました。それを見て、自分たちも金網リングに広告を表示するのはどうだろうかと思いついたのです。

　そこで、「トライフォース赤坂」の金網に名前を出すスポンサーの募集を未来くんのチャンネルで呼びかけました。それがきっかけでレディオブック株式会社さんからお声がけがあり、共同で企画を立ち上げるようになったという経緯なのです。もとを辿ればただの協賛募集で、それを思いついたことで事業がぽんぽんと展開していったというケースです。

　これをサンクチュアリではなく、ワイワイしている場所でYouTubeを見ていたら、右脳による閃きは無かったことでしょう。

　ビジネスを進めるうえで、こうした右脳による閃きは最重要です。

　そしてこの閃きは、AIにはないものです。少なくとも現在のAIでは、出てくる結果はだいたい常識的な範囲に収束します。無難ではあるし速いのですが、Appleのデザインや Amazon のような革新的なビジネスモデルは、AIからは生まれません。人間の右脳による閃きが起点となって、イノベーションは生まれるのです。

　経験豊富な右脳による閃きは、やはりまだ人間の方に軍配が上がります。この閃きを呼び込むためにも、自分だけのサンクチュアリを持って、環境や心身を整えることが大切になってくるのです。

　ただし、経験が足りていないと、右脳による閃きのセンスが悪いのが通常ですので、その分野の経験を積むことが必要です。いろいろなことに興味を持って、社会経験も積んで、よく勉強することです。

　サンクチュアリを持って、そこで集中していると、突如、ゾーンに入ることがあります。

　ゾーンとは、集中力が非常に高まり、周りの景色や音などが意識の外に排除され、自分の感覚だけが研ぎ澄まされ、活動に没頭できる特殊な意識状態を指します。

　条件としては、その集中の対象が、好きなことである必要があります。

　たとえば、この本の執筆がそうです。私は、自分のノウハウを人に共有して、私の話を聞いてくれた人の人生が変わることをこの上ない喜びと思っています。私は、自分のサンクチュアリで書籍の執筆を進める中で、ずっとゾーン状態にあります。当初、このような内容で書こうと思っていた内容が、実際に書き進める中で、どんどん進化していっています。より読者の方を喜ばせようと覚醒して、SNSを更新するのも忘れて没頭して書いています。連続して7時間書き続けたりもしています。

　集中できる環境で好きなことに没頭していると、ゾーンに入りやすくなり、どんどんパワーが湧いてきます。最高のパフォーマンスを発揮できるようになりますので、皆さんもぜひお試しください。

8　周りに先に与えよ

　旧約聖書に以下の言葉が出てきます。

　与えよ、さらば与えられん

「無条件に与えなさい。そうすれば神の祝福が与えられるでしょう」という意味です。

　私もこの言葉に影響を受けて、人と関わるときにいつも気をつけているのは、「周りに先に与えよ」ということです。
　友達との飲み会でも、会計は自分が全額支払うようにしていますし、利益が出た年には社員に賞与で還元するようにしています。
　お世話になっている人から「助けてほしい」と言われれば、打算なしに即答でマンションを購入したこともあります。これは参考になるエピ

ソードですので、ご紹介します。

　その昔、私は不動産関連の団体に所属していて、定期的に情報交換会に顔を出して、そこでの良い人脈を形成していました。いわゆる不動産業者の集まりなので、色々な不動産の情報をいただいて、取引に繋げるなど活用していました。

　その中のAさんという方が、「折り入ってお願いがあります」と言うので、話を聞いてみると、「(その団体の) 執行部が会計の不正をしていて、それを正したい。次回の選挙で、今の執行部に敵対する形で自分が立候補するので、票を入れて欲しい」というのです。

　私は、せっかく良い人脈を形成しているのに、そのようなクーデター的なことを起こすと、それを破壊してしまうのではないかと不安に思ったものの、Aさんの熱い思いと正義感に心を打たれ、自分の経営する不動産会社2社分の票をAさんに投じました。

　この時点で、私はAさんと取引があったわけでもなく、Aさんのお願いを聞かなければならないような人間関係ではなかったのですが、正しいことをしようという人を応援しようと思ったのです。

　結果はAさんの惨敗。Aさんに肩入れした私は、その団体でのそれ以降の会合には呼ばれなくなりました。

　それ以来Aさんと連絡を取ることもなかったのですが、それから数年後、私がある山手線主要駅の駅近再開発プロジェクトを遂行している途上で、Aさんが出てきたのです。全体の敷地面積2500㎡程度で、当社で過去最高の規模のプロジェクトです。土地の仕入れをしている過程で、一部の土地の元付業者（売り主から、不動産売買の依頼を直接受けている仲介業者）をしていたのがAさんでした。もちろんAさんは私のことを覚えてくれていましたし、数年前に私が協力したことも覚えてい

たことでしょう。他にも買い手の競合がいる中で、私のために一生懸命動いてくれました。私は無事に土地の購入ができて、現在、プロジェクトを進めている最中です。

　そのAさんから、「困っているので、助けてください」と相談がありました。

　Aさんは不動産関連の仕事で損失を被ってしまって、Aさんの娘さんが住宅ローンで購入したマンションが差し押さえられてしまったというのです。Aさんが娘さんの住宅ローンの連帯債務者で、同マンションは娘さんとAさんの共有名義でしたので、差し押さえの対象となってしまったのです。

　このままでは、何の落ち度もない娘さんが自宅を失ってしまうことになります。Aさんとしては、父親としての面子は丸つぶれですし、娘に対して本当に申し訳ない一心だと思います。

　そこで、Aさんは、このマンションを競売前に私に「8500万円で買ってくれないか？」とお願いしてきたのです。この手続きを「任意売却」と言いますが、債権者の同意を得て、競売前に私が買って、差押えを取り下げてもらうことは確かに可能です。そして、私がマンションを購入した後に、「堀さんと娘とで賃貸借契約を結んでください」「家賃は自分が支払います」と言うのです。

　私は、この申し出に、「分かりました。私が買いましょう」と、即答しました。

　その場で「買います」と回答したので、マンションの内覧もしていません。都内ではあったのですが、そのマンションの最寄駅に行ったことも無く、土地勘もありません。Aさんが家賃を支払ってくれる保証もありません。相場も分かっていないので、もしかするとそのマンション

を最終的に売却しようと思ったら、私が損をするかもしれません。

　それでも良いと思いました。A さんの人柄や、娘さんに対する気持ちをお察しすると、私はその場で買うと言う以外に言葉が見つからなかったのです。

　私が、「周りに与えた」例です。

　このケースについて、A さんから最終的に私に対して恩返しがあるかもしれません。ないかもしれません。それはどちらでも良いのです。とにかく先に与えるのが大事という話です。

　自分から人に先に与えると、与えられた人が倍返ししようという心境になることが多いです。これは、自分が与えられる側にまわるとよくわかります。返報性の法則と言って、相手から受けた好意などに対し「お返し」をしたいと感じる心理になるのです。
　ですので、周りに先に与えていると、与えた分だけお返ししてもらえる可能性が高まります。それがその人の成功の確率を高めていくのです。

　ですが、ここで注意する点としては、リターンを期待してはいけないという事です。
　当然、与えるだけ与えて、返ってこないことはあります。それを気にしてはいけません。気にしてしまうと、この人からは返ってこないだろうから、与えるのを止めようと躊躇（ちゅうちょ）してしまうことになるからです。
　全員が返してくれるわけではないものの、その中で、もし恩返ししようとしてくれる人がいたら、結果的に私ひとりでは成し遂げられなかったような大きな仕事ができるようになるのです。これは、朝倉兄弟を呼

び寄せたことで、巡り巡って自分がYouTubeを通じてビジネスを拡大するに至ったエピソードなどが典型的だと思います。そうした思ってもみないリターンは、打算からは生まれません。

　この考え方は、「豊かさマインド」に基づいています。
　豊かさマインドとは、「この世には、全ての人に行き渡るだけのものがたっぷりある」という考えで、「他人の成功が自分の成功を減らすことは無い」ということです。前述した『7つの習慣』第4の習慣「WIN－WINを考える」で出てくる考え方です。

　この逆が「欠乏マインド」です。
　欠乏マインドとは、「すでに全体の量は決まっていて、誰かがそこから何かを取ると、自分の取り分が減ってしまう」という、ゼロサム（一方のプラスが他方のマイナスになり、両方の得点の総和は必ずゼロになる）の考え方です。

　欠乏マインドを持っている人は、基本的に周囲の人と利益や名誉を分かち合おうとはしないものです。他の人の成功を素直に喜ぶことができないのです。口では「おめでとう」といいながらも、心の中では嫉妬心でいっぱいになり、他人の成功は自分の失敗と考えてしまいます。こういう考え方では、他人からの応援を受けることができませんので、結果として成功することが難しくなります。

　豊かさマインドを持つ人は、すべての人を満足させることが可能だと考えている人ですから、利益や成功を他の人と分かち合い、心の中から喜ぶことができる人です。
　このマインドを持った人が、実際に「周りに先に与える」ことで、ど

んどん自己の成長につなげていくのです。

　このようなエピソードがありました。

　ある格闘家 B の考案した○○丼のレシピが「他人に真似された」ということで騒ぎになったことがありました。格闘家 B に同調する人々も、「真似をするとは何事か！」と、その真似をしたとされる女性 YouTuber の動画のコメント欄を荒らしたりしたようで、炎上騒動に発展してしまいました。その後、女性 YouTuber は謝罪させられています。

　私はこの騒動を見たときに、そもそもこの女性 YouTuber は格闘家 B のことを知らないし、○○丼の存在すら知らないで、たまたま少し似通っただけなのでは？　と思いました。法律的にも何の問題もありません。

　それはさておき、自分のアイデアを真似されたとして、それを問題にするというのは、典型的な「欠乏マインド」です。今回の場合、格闘家 B の○○丼の価値が下がるわけでもなければ、売れ行きが下がる関係にもありません。むしろ、女性 YouTuber の方で話題になってくれれば、反響で格闘家 B の○○丼も売れるようになっていくところでした。「豊かさマインド」がある人であれば、「どちらのレシピが優れているか？　コンテストしませんか？」などというコラボ企画に発展したかもしれません。

　同じようなケースですが、朝倉未来くんが「街の喧嘩自慢」シリーズを YouTube で展開しているのは有名です。それを真似して、K-1 ファイターの安保瑠輝也選手はじめ、多くの格闘家が企画のアイデアを盗んで動画をアップしています。

　それに対して、未来くんは、「安保選手にそのことを問い詰めて、反応を見る」というドッキリ企画を仕掛けて、新たな動画を生み出すなど、

さらなる価値を生み出しています。

そもそも、他の格闘家が企画を真似すると、未来くんの動画の再生数が減るわけではないのは当然ですし、むしろ、他の格闘家の再生数が増える過程において、本家の未来くんの動画は「関連動画」として再生され続けていくのです。

未来くんの今の成功は、この豊かさマインドに基づいていると言えるでしょう。

9 人生の本番で勝てばよい

人は、失敗を犯したときに、大きな転機を迎えます。失敗した事実に「反応」してしまって、落ち込んでしまうのか、「主体的に」自分の頭で考えて調整して挽回するのか。ここでも主体的に生きることが問われています。

私の人生での大きな失敗は、何と言っても司法試験です。結果的に合格できたということは本書でも何度も述べていますが、多くの人が途中で挫折します。挫折すらできずに多浪し続け、人生の取り返しがつかないような年齢になってしまう人も少なくありませんでした。

大学在学中に司法試験に合格するような秀才がいる一方で、私が司法試験に初めて挑戦したのは22歳。決して早いスタートではありません。

私が受けたいわゆる旧司法試験は、択一試験（マークシート方式）、論文試験、口述試験と３つの段階があり、それぞれを順番に突破しないと次に進めません。

そして、私は最初の三年間は、択一試験すらも合格することができませんでした。大学生の延長でゆるい気分でいたのか、次で受かるだろうという楽観があったのか、試験に落ちてもそこまで深刻に悔しがってい

なかったように思います。

　しかし、そんなことを三度も繰り返すと、いよいよ25歳になってしまいます。周囲の同級生は大手企業に就職してキャリアを積み上げており、実に華やかな社会人生活を送っていました。

　私は時間差で「いよいよまずいぞ」ということを思わされました。ですので、これで決めるという気持ちで勉強に望み、4回目のチャレンジで択一試験を突破することができました。

　問題は論文試験ですが、これはもっとも難易度が高いということで有名です。しかし、私は受験勉強を開始した当初から、この論文試験を合格することに照準を合わせて準備してきていました。

　ですので、この出来栄えには自信があり、あとは9割の受験者が合格する口述試験を残すのみでした。

　論文試験の結果は、G評価（最低評価）。

　不合格です。

　これまでの準備は何だったのか？

　もっと早く本気を出して択一を突破できていれば、こうはならなかったのでは？

　G評価を好転させることが本当に可能なのか？

　最低評価による落第でこれまでの準備が否定された私は、気づけば人生を棒に振るコースの典型的な司法試験浪人になっていました。「人生終わったな」と思わざるを得ませんでした。

　このように、人生で失敗を犯してしまった場合に、どのようなメンタルを持つべきでしょうか。

　成功しない人は、成功するためには失敗は許されないと考えてしまいがちです。しかし、これは大きな間違いです。

アメリカの億万長者は、富を築く前に一度は破産をしています。ウォルト・ディズニー氏、ドナルド・トランプ氏、ヘンリー・フォード氏と挙げたらきりがありません。

1840年代にようやく負債を全額返済し、1861年米国大統領となったアブラハム・リンカーン氏は、「失敗自体は大したことではない、そこから立ち上がることが重要だ」との名言を残しています。

同じく元米国大統領のトランプ氏は、カジノ経営をめぐり過去に6回も破産しています。しかしすべてが法人破産であるため、本人は「会社が破産したのであって、自分は破産したことがない」と主張。「トップビジネスの世界では当たり前だが、自分が損しないように法律を利用しただけ」とまったく悪びれる様子もなく、その後は不動産で甚大な富を築いていきます。

自動車産業の父、ヘンリー・フォード氏も2回の破産を経験しています。「失敗はまた最初から始めるチャンス。ただし今回はもっと賢く」という名言を残しています。

巨額の資産を手にしたからといって、一生贅沢な暮らしが保証されているわけではないです。しかし、破産を経験したからといって、一生貧困に苦しむと決まったわけでもないのです。

3人に共通しているのは、自分たちのフォーカスすべき対象を未来に設定していることです。要するに、成功者のマインドは、成功しない人のマインドと時間軸が異なるのです。

何を失敗と捉えるかという問題とも言えます。

　私は、このことを「人生の本番で勝てばよい」と言っています。

　格闘家が試合（本番）に向けて本気のトレーニングをしてきたが、負けてしまった場合、私は、以下の図のように捉えるべきだと言っています。

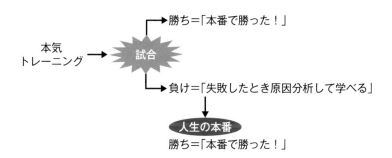

　試合で勝った場合は、もちろん、「本番で勝った！」と大いに喜んでよいでしょう。

　負けてしまった選手は、もちろんその試合は「本番」だったので悔しいのですが、すぐにメンタルを復活させるべきです。人生の本番は、実は今回の試合ではなく、次の試合あるいは2年後のタイトルマッチであると。その人生の本番で勝てばよいのであって、今回の負けは「大きな怪我が無くてよかった」「これが今の自分の姿、実力、本性だ」「そんな自分を変えたい、変えられる！」「2年後にチャンピオンになっていればそれでよい」というように、ポジティブに捉え直すのが必要です。

　このマインドは、上記アメリカの億万長者と同じマインドです。成功したければ、マインドチェンジが必要です。

　司法試験に四度落ちて「人生終わったな」と思った当時の私ですが、その後「人生の本番は来年の5回目の試験だ」と見定めることで、しっ

かりマインドチェンジすることができました。

その際に考えたのは以下のようなことです。

・周りの人は新卒で就職して楽しそうだが、それが将来の成功を意味して
　いるとは限らない
・また、すぐに弁護士になれなくてもそれが失敗というわけではない
・次の試験で合格すれば何の問題もない
・けれど決意するだけでずるずると引き伸ばしをするのはよくない
・来年を最後の受験として、不合格であればきっぱり諦めよう
・そもそも自分はこれまで本気で勉強に取り組んでいたのだろうか
・退路を断つために実家を出て一人暮らしを始めよう
・勉強の方法も、自分のやり方にこだわらず、短期間の勉強で合格した
　若手に謙虚に学ぼう

こうして考え方を切り替えることができた結果、見事に5回目の受験
で最終合格することができました。

もちろん合格しなかったら、浪人生活は続けずに別の道で成功を目指
したと思います。

失敗したとはいえ、自分の努力や決断をしっかりと受け入れてこそ、
次の「人生の本番」に向けて歩めるということです。

過去を受け入れ、未来を見据えて、現在を真剣に生きることが重要で
す。

上手くいっているときは学びが少ないものです。失敗をしたときは原
因を分析できるチャンスです。これが過去を受け入れるということです。

そして、「人生の本番はもう少し先にある」とマインドチェンジしま
しょう。これが未来を見据えるということです。

　挑戦する前は、もちろん目の前の本番に向かって真剣に取り組みましょう。これが現在を真剣に生きるという意味です。

　ソフトバンクグループ創業者の孫正義氏も、以下のようにツイートしています。

　勝ちと負けはどちらもやって来る。肝心な事は、致命傷を避ける事。生きてれば次の勝利で飛躍出来る。

　ちなみに、私が上記で「2年後にやってくる人生の本番」とか、「2年後にチャンピオンになっていればそれでよい」と、2年と言う期間を口にしているのは、失敗を糧に成功するには最低でもそれくらいの期間が必要だからです。

　格闘技の試合で負けたときに、すぐに再戦しようとしても勝てないことが多いです。せめて2年ほど修行して、ようやくリベンジできるのです。

「失敗したけど、メンタルを変えれば、はいすぐ成功です」とはなりません。

　失敗を軽視し過ぎないことです。

　メンタリスト DaiGo 氏が YouTube でホームレスに関する失言をして、大炎上した事件がありました。本当に誰かを傷つけてしまったのなら、それはただの「炎上」では済みません。ただ謝罪して火消しをすればそれで済むわけではなく、時間をかけて信頼を取り戻していく必要があるのです。

　にもかかわらず、彼は炎上した翌日にすぐに「謝罪」して、その謝罪がいかにも軽薄で、形だけのものであることが視聴者さんに見透かされ

たので、さらに炎上する事態となりました。すると、またすぐに今度は「昨日の謝罪を撤回します」という動画を出すなど、迷走に突入しました。その後は、スポンサー契約を次々に切られるなど、かなり大きな失敗となってしまいました。

彼も、人生の本番はもう少し先であると、マインドをチェンジして然るべきですが、他人を傷つけたり、迷惑をかけた場合には、すぐに失敗を無かったことにはできません。人生の本番は、最低でも2年くらいは先であると考えて、ゆっくりと、慎重に、信頼を取り戻す作業が必要です。

プロ野球の北海道日本ハムファイターズで暴行事件を起こした中田翔選手が、読売ジャイアンツに電撃移籍して、すぐに試合に出場した問題も同じです。

中田氏が後輩投手にベンチ裏で暴力を振るったのは8月4日です。11日には球団から、一、二軍すべての試合で無期限出場停止処分を受けました。にもかかわらず20日には巨人へ移籍し、翌21日には試合に出ているのです。普通に考えれば、「処分はなんだったんだ」とツッコミたくなるでしょう。

このように、すぐに失敗を挽回できると甘く考えない方がよいですが、しかし、失敗したら人生が終了することは全くないということも覚えておいてください。

いい意味でのダブルスタンダードが大事です。

入試や就活も同じです。希望する進路が選べなかったとしても、そこを本番だと思い込みすぎないのが大事ということです。もちろん、その人生のイベントを「本番」だと思って努力してきたからこそ、ショック

も大きいわけです。それは当然なのですが、志望していない大学や会社
に入ったとしても、2年後にはそこで輝けているかもしれないし、身に
つけたスキルで希望の進路に転じることができているかもしれません。

　つまり、その進路はたしかに「本番」ですが、負けたら「次の本番」
に向けて切り替えるしかないのです。挑戦する前から「まだ本番じゃな
い」という先送りをするのはよくないですが、決して本番は一回きりで
はないということを覚えておいて欲しいです。

10　勇気を出して行動する

　過去の成功の理由を探っていくと、さまざまな因果関係が見出せます。
それをたどっていくと、必ず最初には何かしらの「勇気ある行動」があ
るはずです。

　たびたび例に出している、朝倉兄弟から教わったYouTubeについて
も、本当に大元をたどれば、私がTHE OUTSIDERに応募しなかった
ら起きていない出来事です。

　2008年3月、私は総合格闘技イベントTHE OUTSIDERの旗揚げ大
会に出場すべく、ディファ有明の赤コーナー控室に向かいました。
　私は、控室の光景を見て、目を疑いました。なんと、特攻服を着こん
だ若者、全身和彫りの刺青を入れている若者、パンチパーマにねじり鉢
巻をしている若者もいました。控室でタバコを吸っている若者もいたの
で、警備の村上和成さん（平成のテロリストと呼ばれたプロレスラー）に
締め出される人もいたくらいです。
　控室の中で、敵対する暴走族が同居することになったので、一触即発、
実際に小競り合いが発生していたように記憶しています。

　出場選手が掲載されたパンフレットを読んでみたところ、以下のような衝撃的なニックネームが並んでいました。

　"濱の狂犬"
　"暴力大魔王"
　"フルボッコ製造機"
　"生きる都市伝説"
　"ハマの最恐ギャング連合"
　"北関東最強暴走族 魔璃闇薔薇元総長"
　"栃木のラストエンペラー"

　この環境に身を投じるというのは、現役弁護士として刑事事件で被疑者・被告人と向き合っていた経験を考慮しても、なお勇気ある行動であったと自負しています。

　ちなみに私のニックネームは"法曹界の最強戦士／人権派柔術弁護士"でした。
　私の対戦相手は、"投てきインターハイ×柔道サイボーグ"で、不良ではなく、筋骨隆々のアスリートでした。
　この試合、私は、「1R 0分15秒 腕ひしぎ十字固め」で一本勝ちを収め、ベストグラウンドテクニック賞を受賞して、一気に知名度を上げることになります。

　その後も、怪我がない限り継続的に参戦して、後に朝倉兄弟が参戦した頃には、私はTHE OUTSIDERにおいて一定の地位を築いていました。

　そして、韓国のROAD FC 対抗戦を前に、朝倉海君と選手合宿を行ったことがきっかけで、兄弟2人が上京することになったのです。このあたりの経緯は、朝倉海『革命のアウトサイダー』（KADOKAWA刊）をご覧ください。

　元をたどれば、私がTHE OUTSIDERに勇気を出して参戦したことが始まりであり、それがなければ朝倉兄弟がRIZINに出ていることも無かったかもしれませんし、私がYouTubeを始めることも無かったかもしれません。

　不動産投資についても、今でこそ塾生260名ほどに教える立場になっていますが、もともとは自分で4億円程度の借金をして自ら投資の世界に飛び込んだことが始まりでした。
　当時の私は、預貯金3000万円程度であり、それを全額頭金にして、さらに借金4億円を負って、南青山の土地を買ってマンションを建築したのです。
　今のように、預貯金20億円ある状態で、4億円の借入れをするのとは事情が異なります。勇気ある行動でした。それがそのまま成功事例となって、そのノウハウを塾生に共有しているのが堀塾です。

　ターニングポイントは突然訪れます。
　THE OUTSIDERの募集や、南青山の土地の情報も、日常生活の中で、急に入ってきます。それに乗るか乗らないかはあなた次第。
　乗らない言い訳は、いくらでも作れます。
　・怪我をして弁護士業務に支障は生じないのか？
　・反社会勢力とかかわることになったら、人生が終わるのではないか
　　（THE OUTSIDERは、そのような勢力とは一切関係がありません）

・不動産の市況が悪化したら、破産するのではないか？
・両親や家族が心配するのではないか？

しかし、私は勇気を出して、行動しました。
何となく、それが成功する人の習慣だと分かっていたからです。

実際、私は THE OUTSIDER の試合で2回ほど眼窩底骨折をして、2回とも手術して入院しています。手の指も骨折して、不良との試合をキャンセルして、対戦相手の不良仲間から大ブーイングを食らったこともあります。目の動きは、今でも悪いです。

しかし、もし私が2008年当時に戻って、また THE OUTSIDER に出るか？　と聞かれれば、迷わず出場したことでしょう。

もし現状に満足しているなら、リスクを取るかどうかで悩むこともそもそもないはずです。無駄なリスクを取らずに、これまで通りの生活をすればいいだけです。
人生のステージを変えたいのであれば、つまりリスクを取るかどうかで悩む状態なのであれば、そこでリスクを取るべきなのではないでしょうか。少なくとも、取るかどうかで悩んだまま人生の時間が過ぎていくよりは、はるかに良いと思います。

以前、「RIZIN の会場で堀さんを見かけたけど、オーラがあって話しかけられなかった」というコメントをもらったことがあります。オーラがあるかどうかはともかく、私は話しかけられたらきちんと対応する方なので、そこで話しかけてくれていたら、その人の人生が多少変わった可能性もあります。人との出会いはそうした可能性を秘めています。

サロン生にもよく話しますが、周りのレベルが高いなと思っても、気後れする必要はありません。むしろ気後れしたら、どんどん差は開いていきます。ぱっと行動できてしまう人が結局は強いのです。

このように思うようになったきっかけは、司法浪人時代に実家を出たことです。実家のぬるま湯で暮らしていた時代、寝床にもご飯にも困りませんでした。しかしひとり暮らしを始めると、半年分の家賃ほどの貯金があるとはいえ、司法試験に受からなければ衣食住が脅かされる可能性があったのです。

安全地帯から強制的に出ることで、司法試験に本気で受かるための算段を主体的に自分で立てなければならなくなりました。そして嘘のように集中力を発揮し、見事に合格することができました。

自分で弁護士事務所を経営するようになったのも大きかったかもしれません。

個人事業主として働いているうちは、自分ひとりが食えれば問題ありません。しかし経営者として人を雇ったりオフィスを借りたりすると、人件費や家賃をまかなうために確実に売上をあげていく必要があります。切迫感がまったく変わってくるのです。

経営についてアドバイスしてくれる経営コンサルタントや先輩経営者などもいるわけですが、彼らは実際に売上をあげてくれるわけでもお客さんを連れてきてくれるわけでもありません。自分が売上をあげ、そこに責任を持たなければならないというプレッシャーを得ることが大事です。もし私が雇われ弁護士のままだったらそのような考え方にはなっていなかったでしょう。

これは、格闘技にも通ずるところがあります。リングに上がって相手

と対峙したら、基本的にはもう逃げられません。誰の手を借りることも
できず、自分でなんとかするしかないのです。セコンドはアドバイスを
してくれますが、代わりに戦ってくれるわけではありません。「リング
に上がるときは自分一人なのだ」という気持ちが、主体性を持ちやすく
なった要因なのは間違いないと思います。

　現状を打破したければ、自分でやるしかないという状況に追い込むこ
とが重要です。
　悩みに直面したら、安全地帯から飛び出し、勇気を出して行動すべき
ということを覚えておいてください。

おわりに

　自分に自信がなく、身体もひ弱だった片田舎の少年。

　バイトと遊びに明け暮れ、司法試験に落ち続けた実家暮らしのニート青年。

　それが自分の出発点でした。

　実家を出て退路を断ち、誰にも邪魔されないサンクチュアリを手に入れ、誘惑を振り切ってひたすら勉強に集中したことで、自分の未来は拓かれました。

　朝早起きして勉強時間を確保し、お昼を食べたら少しだけ仮眠して、自分を追い込んで超回復を繰り返しました。この本で書いてきた習慣を、ただ愚直に実践したのです。

　雇われ弁護士として苦汁をなめてからも、ふたたびこの原点に立ち戻り、生活を改めることで、強い肉体と精神を手にして状況を打開できました。

　やってきたことをあえて一言で表現するなら、

　・退路を断って、

　・サンクチュアリを確保して、

　・超回復を繰り返す

これだけです。

　私の尊敬する元プロ野球選手のイチローさんは、子供の頃、バッティングセンターにほぼ毎日通ったそうです。

天才は繰り返しからしか生まれない

　繰り返すためには、やるべきことを習慣にして、自分のマインドをコントロールしなければなりません。

　毎朝、同じ条件で体重を計測してください。プラスマイナス500gの範囲内にコントロールできているか確認してください。自分の体重をコントロールできない人が、ビジネスや投資をコントロールすることはできません。

　投資やビジネスの戦略はもちろん大切ですが、やはり何よりも大事なのは研ぎ澄まされた心身です。建物と同じで、基礎がしっかり固まっていなければ、その上に何を付け足しても砂上の楼閣にすぎません。

　本書では、自分のこれまでの歩みをほとんど語り尽くしました。

　改めて気づいたのは、弁護士業務にせよ、ビジネスにせよ、不動産投資にせよ、そのつど「本当に大切なひとつのこと」に集中してきたということです。

　同時並行的に習得できたものはほとんどなく、どれも一点突破でやってきたのだなと、今振り返れば思います。

　本書を読んでくださった方の中には、自分の人生を変えたいと思っている方も多いと思います。

　そんな方々に、そして過去の自分に伝えたいのは、とにかくひとつのことに集中してほしいということです。そのために必要な環境を、なんとしてでも手に入れてほしいということです。

　このことを素直に、愚直に実践できた方は、きっと「最初の塊」を手

にして、成功の道を歩めるようになるはずです。

　第5章でお伝えした10の習慣を実践していただければ、必ず人生は変わります。

　最初の一歩が一番難しいということは、何より私自身がよくわかっています。
　本書が、そんな一歩を踏み出すための後押しになれば、これほど嬉しいことはありません。

2021年10月27日

堀　鉄平

堀　鉄平（ほり　てっぺい）
1976年生。弁護士、不動産投資家、ビジネスオーナー。HORIJUKU
株式会社代表取締役。元プロ総合格闘家。"闘う弁護士"の異名を持
つ。「堀塾」では不動産の再開発や不動産投資の教育を行う。2008年
3月から前田日明が主催する「THE OUTSIDER」に参戦、人気選手
となった。格闘技ジム・トライフォース赤坂のオーナーでもあり、
RIZINで活躍する朝倉未来・朝倉海のゴッドファーザーとしても知ら
れている。

Twiitter：@horihudosanjuku
Instagram：teppei.hori
YouTube：堀塾ちゃんねる

マインドチェンジ

2021年12月1日　初版発行

著者／堀　鉄平
　　　　ほり　てっぺい

発行者／堀内　大示

発行／株式会社KADOKAWA
〒102-8177　東京都千代田区富士見2-13-3
電話　0570-002-301（ナビダイヤル）

印刷所／凸版印刷株式会社